KB201210

너희는 이렇게 살라

Live This Way

성경이 가르치는 그리스도인의 삶

The Christian life as taught in the Bible

너희는 이렇게 살라

초판 1쇄   2016년 2월 15일

지은이   강성열
펴낸이   조병호
펴낸곳   도서출판 땅에쓰신글씨

주소   서울시 강남구 논현동 278-3
전화   02)525-7794   팩스   02)587-7794
홈페이지   www.tongbooks.com
등록   제21-503호(1993.10.28.)

ISBN   978-89-85738-75-0 03230

너희는 이렇게 살라

Live This Way

성경이 가르치는 그리스도인의 삶

The Christian life as taught in the Bible

강성열 지음

머리글

필자가 속한 대한예수교장로회(통합)의 2015년 9월 총회에서 제100회 총회 총대들을 대상으로 하는 총대 인식 조사 결과에 흥미로운 대목이 발견된다. 그것은 곧 한국 교회 침체의 원인을 묻는 질문에 대하여 상위 첫 번째로부터 세 번째까지의 응답이 삶과 윤리의 문제를 거론하고 있다는 점이다. 이를테면 교회 지도층에 대한 부정적 인식이 강하다(44.9%), 교인들이 신앙생활의 모범을 보이지 않는다(31.0%), 목회자들의 윤리의식에 문제가 많다(25.3%) 등의 답변 내용이 그렇다.

조사 집단에 따라서 설문 결과가 달라질 수도 있겠지만, 일단은 총회를 대표하는 총대들의 인식이 이 설문 조사에 담겨 있다는 점에서 상당히 의미심장한 설문 결과라 하겠다. 목회자들과 성도들의 삶에 문제가 있기에 교회가 지역사회에 별다른 영향력을 끼치지 못한다고 보는 네 번째 응답(21.13%)은 너무도 당연한 귀결이 아닐 수 없다. 더 나아가서 이제는 역으로 교회 안에 있는 사람들조차도 교회를 떠나 세상 속에서 익명의 그리스도인으로 남아 있으려고 하는 것이 지금의 안타까운 현실이다. 현재 100만 명을 넘어선 것으로 알려진 '가나안 성도'의 계속적인 증가 추세가 그 점을 뒷받침한다.

이 책에 실린 글들은 바로 이처럼 안타까운 현실을 조금이라도 극복하려는 의도 하에 집필된 것들이다. 사실 필자는 성경에 기초한 그리스도인의 삶을 전하고자 2003년 7월호부터 2016년 2월호에 이르기까지 통독큐티 <마음과생각>(구 숲과나무)에 '바이블 칼럼'을 매월 정기적으로 기고해왔다. 필자는 13년의 기간 동안 매월 '바이블 칼럼'을 써왔고 그것들이 참으로 다양한 주제들을 다루고 있는 것이 사실이지만, 이 책에 실린 글들은 그중에서도 그리스도인의 삶의 문제에 초점을 맞추어 정리한 것들이다. 만족스럽지 못한 글들도 더러 있겠으나 여기에 정리된 글들이 지금 한국 교회가 처한 위기의 현실을 타개하는 데 조금이라도 도움을 줄 수 있다면 좋겠다는 간절한 마음을 가져본다.

그동안 필자의 신앙과 신학이 담긴 '바이블 칼럼' 원고를 매월 정기적으로 실을 수 있도록 지면을 제공한 땅에쓰신글씨 출판사의 조병호 박사와 출판팀에 깊은 감사를 드린다. 부족한 이 책이 오늘의 한국 교회 목회자들과 성도들에게 성경에 기초한 삶을 가르치는 데 도움을 주고, 그럼으로써 한국 교회가 잃어버린 신뢰성을 회복하고서 다시금 새롭게 비상할 수 있는 계기를 마련할 수 있기를 바란다. 아울러 은혜와 능력의 주님께서 한국 교회를 새롭게 변화시켜 주시기를 간절히 기원한다.

2016년 2월
강성열 삼가 씀

목차

3   예배하는 삶

4   구별되는 삶

1

창조질서를 지키는 삶

◇◇◇

◇◇◇

땅은 하나님의 것이다

땅은 본질적으로 하나님의 것이요
인간에게 주어진 하나님의 은총의 선물이다.

성경의 기본적인 가르침에 의하면, 땅은 본질적으로 우리 인간에게 하나님의 선물로서 주어진 것이다. 이 점은 이스라엘 민족의 역사를 통해서 분명하게 드러난다. 이스라엘 민족의 조상인 아브라함은 "본토 친척 아비 집"을 떠나 하나님께서 지시하실 땅으로 옮겨감으로써(창 12장) 약속의 땅 가나안을 선물로 받는다. 그 이후로 이어지는 족장들의 삶은 선물로 주어진 땅을 향해 끊임없이 유랑하는 순례자의 삶이라 할 수 있다. 하나님께서 주신 땅의 선물은 이스라엘 백성이 압제와 속박의 땅 애굽을 떠나 40년간의 광야 유랑 생활을 마친 후 여호수아의 인도하에 가나안 땅에 들어가면서 서서히 현실화된다.

그러나 선물로 주어진 가나안 땅은 결코 그들이 거저 얻을 수 있는 땅이 아니다. 그것은 약속의 땅이요 "젖과 꿀이 흐르는 땅"이지만, 동시에 위협과 유혹의 땅이요 하나님께 순종하는 삶을 통하여 정결하게 잘 가꾸고 지켜야만 하는 땅이다. 아니나 다를까, 사사 시대와 왕정 시대를 거치면서 이스라엘 백성은 결국 땅을 선물로 주신 야웨 하나님 대신 풍요와 다산의 신 바알을 섬김으로써 바알 종교로 오염된 그 땅에 점차 동화되어가기 시작하였고, 마침내는 하나님을 버리고 그의 법을 떠난 탓에 약속의 땅을 관리할 자격을 상실함으로써 선물로 주어진 땅으로부터 쫓겨나는 수모를 겪어야만 했다.

이것은 이스라엘 자손에게 있어서 땅이 전적으로 하나님의 은총에 의해 주어진 것이지 그들 스스로가 노력해서 얻은 것이 아님을 의미한다. 따라서 그들이 잘못했을 경우에 하나님은 언제든지 그 땅을 박탈하실 수 있다. 본질적으로 땅은 하나님의 선물이요 하나님 자신의 것이기 때문이다(렘 2:7; 16:18). 이스라엘이 가나안 땅을 받은 것은 어디까지나 하나님의 것을 잘 관리하라는 위임 명령에서 비롯된 것이지, 그 땅을 마음대로 더럽히고 그 땅을 마음대로 독점하라는 뜻에서가 아니었던 것이다. 하나님께서 모세에게 각 지파의 크기를 고려하여 땅을 나누어주라고 명하시거나(민 26:52-56), 여호수아가 그 명에 따라 각 지파에게 땅을 골고루 나누어준 것(수 18:1-10)은 사실 그러한 원리에 근거한 것이다. 땅의 경계를 나타내는 지계석(地界石)을 옮기는 것을 금지한 법(신 19:14; 27:17; 욥 24:2; 잠 22:18; 23:10; 호 5:10)도 마찬가지이다.

　　그러나 아무리 땅을 공평하게 분배하고 그 경계선을 잘 관리해도 가난 때문에 어쩔 수 없이 땅을 팔아야만 하는 경우가 많이 생겨난다. 이러한 경우가 중첩되다 보면 토지의 독과점이 이루어지고 토지의 독과점은 결국 공평 분배나 청지기직 수행의 정신을 부정하는 것으로 발전될 수밖에 없다. 이것을 막기 위해 생겨난 것이 바로 희년 제도이다. 희년은 50년마다 반복되는 것으로서, 토지나 몸 또는 집 등을 부득이하게 팔았을 때에도 정해진 기간이 차면 그것들을 원주인에게 되돌려주는 해방의 해이다. 레위기 25장의 희년 법에 따르면, 조상 대대로 물려받은 땅은 일시적으로만 사고팔 수 있을 뿐 영구적인 매매의 대상에서는 제외된다(25:23). 이스라엘 주변 세계와는 달리 땅은 왕이나 신전에 속한 것이 아니라 하나님께 속한 것이요 이스라엘 자손의 삶을 지탱해주는 중요한 생산 수단이었기 때문이다.

하나님의 의도가 이러한데도 이스라엘은 땅과 관련된 이상의 기본적인 원리들을 제대로 지키지 못했다. 왕의 절대적인 권력은 항상 땅의 사유화를 열망하였으며, 그 결과 나봇과 같은 억울한 희생자를 내게 되었다(왕상 21장). 지배 계층은 "집을 연달아 차지하고 땅을 차례로 사들이는 자들"이요 "빈터 하나 남기지 않고 온 세상을 혼자 살듯이 차지하는 자들"(사 5:8)이었다. 그들은 또한 "탐나는 밭이 있으면 빼앗고 탐나는 집을 만나면 제 것으로 만들어 그 집과 함께 임자도 종으로 삼고 밭과 함께 밭주인도 부려먹는"(미 2:2) 자들이요, 토지의 경계선을 침범하여 남의 땅을 빼앗는 자들이었다(호 5:10).

이러한 상황은 바벨론 포로로부터 돌아온 귀향민들의 경우에도 예외가 아니었다. 귀족들과 관리들은 가난한 사람들의 처지를 이용하여 각종 밭과 포도원과 감람원, 집 등을 사유화하였으며 돈이나 물건을 빌려주고 높은 이자를 받아 치부하기도 하였다. 가난한 자들의 부르짖음을 들은 느헤미야가 성공적으로 경제 개혁을 단행했기에 망정이지, 그렇지 않았더라면 부자들의 탐욕이 어느 정도까지 이르렀을지 알 수 없는 노릇이었다(느 5:1-13).

요컨대 이스라엘 민족의 역사는 땅이 본질적으로 하나님의 것이요 인간에게 주어진 하나님의 은총의 선물이라는 사실을 보여주고 있다. 동시에 인간은 본래 하나님의 땅 위에서 영원한 본향을 향해 유랑하는 순례자요 나그네로 살도록 부름을 받았다는 사실 역시 분명하게 드러나고 있다. 이러한 목적을 위해 하나님은 약속의 땅을 이스라엘 자손에게 골고루 나누어주셨으며, 땅의 독과점을 방지하기 위한 목적의 법을 제정해놓으셨다.

이 점은 오늘의 한국 교회와 성도들에게도 똑같이 적용된다. 이 시대의 모든 그리스도인들은 지나친 탐욕을 버리고 땅의 주인이신 하나님 앞에서 마음을 비워야 한다. 아울러 욕구 불만과 욕구 팽창의 양극단을 걷는 이 시대의 사람들에게 하나님의 법을 바로 가르쳐야 하며, 하나님이 원하시는 경제 정의가 확립되도록 최선을 다해야 한다. 하나님의 땅으로부터 버림받지 않기 위해서라도 이 땅의 교회는 올바른 경제 질서와 땅에 대한 하나님의 주권을 확립하는 데 앞장서야 하며, 경제 파수꾼의 역할에도 소홀함이 없어야 할 것이다.

환경 문제와 아나바다 운동

합리적인 소비 정신에 기초한 아나바다 운동이야말로 미래의 후손들에게
잘 보존된 깨끗한 지구를 유산으로 물려줄 새로운 돌파구가 될 것이다.

    필자는 1994년 8월부터 이듬해 8월까지 미국 조지아
주의 아틀란타에 소재하고 있는 컬럼비아 신학교(Columbia
Theological Seminary)에서 가족과 함께 1년 동안 연구학기를 보
내면서 특이한 경험을 한 적이 있다. 신학교가 한 달에 두 번
씩 동남아시아나 아프리카 등지에서 온 어려운 신학생들을
위해 주말 장터를 운영한 것이 그렇다. 지역 교회들로부터 온
갖 재활용품을 모아 진열해놓고서, 제3세계권의 신학생들로
하여금 꼭 필요한 물건들을 무료로 마음껏 가져가게 한 것이
다. 필자도 그곳에 머물면서 몇 차례 그 주말 장터에 가보았
는데, 물건만 새 것이 아닐 뿐이지, 일상생활에 필요한 것은
다 있었다. 계절별 남녀별 의복은 물론이고 넥타이, 구두, 운

동화, 모자, 장난감 등 어른들과 아이들 모두에게 필요한 물건들이 거의 다 갖추어져 있었다. 일종의 아나바다(아껴 쓰고 나눠 쓰고 바꿔 쓰고 다시 쓰는) 운동이라 할 만한 것이었다. 그때 필자는 그것이 신학교와 교회의 협력관계 속에서 이루어지는 참으로 아름다운 사랑의 운동이라는 생각을 했었다.

우리나라도 오래전부터 각종 사회단체들이나 시민단체들을 중심으로 아나바다 운동을 활발하게 전개해오고 있다. 특히 1998년도 이후의 IMF 사태 이후 아나바다 운동이 크게 성행한 바가 있다. 경제가 웬만큼 회복되면서 아나바다 운동이 점차 시들어갔지만, 근래 들어 경제가 어려워지자 다시금 아나바다 운동에 대한 관심이 늘어나고 있다. 그런데 이제는 그것이 예전과는 달리 주요 관공서나 자치단체, 아파트 부녀회, 초·중·고등학교의 학부모회 등등 사회 구석구석에까지 뿌리를 내리고 있다는 느낌을 준다. 인터넷상의 각종 중고물건 교환 사이트나 경매 사이트도 아나바다 운동의 확산에 크게 기여하고 있다. 심지어는 교회까지도 나서서 1년에 한두 차례씩 재활용품을 기증받아 필요한 사람들에게 싼값에 판 후, 그 수익금을 가지고서 이웃을 돕는 일에 열심을 내고 있다. 아직은 큰 교회 중심이라지만, 전에는 보기 어려웠던 아름다운 모습이 아닐 수 없다.

그런데 대개의 경우 사람들은 아나바다 운동을 근검절약의 실천과 경제 위기의 극복이라는 차원과 관련시켜 이해하는 경향이 있다. 사실 아나바다 운동이 가정이나 국가의 경제 운용에 적지 않게 도움을 주는 것임에는 틀림이 없다. 에너지 절약과 자원 재활용이라는 차원에서 말이다. 그러나 아나바다 운동에는 경제적인 측면만 있는 것이 아니다. 그것은 오늘날 환경 파괴와 생태계의 위기라는 전 지구적인 관심사와 깊은 관계를 가지고 있는 것이기도 하다. 어떠한 점에서 그러한가?

주지하는 바와 같이, 오늘날의 인류는 과학 기술 문명의 발달로 인하여 과거보다 훨씬 더 안락하고 풍요로운 삶을 누리게 되었지만, 다른 한편으로는 갈수록 늘어나는 생활 폐기물, 생활 하수와 산업 폐수 및 축산 폐수 등으로 인한 수질 오염, 차량 대기 가스로 인한 대기 오염, 오존층의 파괴, 온실 효과로 인한 지구 온난화, 홍수, 폭우, 가뭄, 기근 등의 극심한 기후 변동과 그로 인한 자연 재해, 각종 질병의 빈발과 식량난의 가속화, 빈곤의 영속화, 인구의 폭발적인 증가와 자원의 고갈, 각종 동식물의 멸종 위기와 그로 인한 생태계의 교란 및 파괴 등의 심각한 위기에 직면하고 있다.

　　이러한 생태계 위기의 상황은 일반적으로 주체와 객체를 구분하고 정신과 물질을 구분하는 서구의 이원론적이고 분석적인 사고, 자연을 주인 없는 재화로 보게 하는 무관계성의 사유 내지는 기계론적인 지배의 인식, 그리고 성장과 소비를 지향하는 현대 사회의 그릇된 가치관 등이 한데 어울려 나타나는 현상이라고 할 수 있다. 한마디로 요약하자면, 과학과 기술 문명에 기초한 인간의 무분별한 자연 개발이 생태계 위기를 초래한 셈이다. 순전히 인간의 이익과 편리를 위해 자연을 함부로 이용한 결과 지금과 같은 대 위기에 직면하게 되었다는 것이다.

　　아나바다 운동은 이러한 위기 상황을 돌파할 수 있는 유력한 수단들 중의 하나이다. 그것은 건전한 소비문화를 형성하고 더불어 살아가는 삶의 지혜를 터득하게 하는 소중한 시민운동의 성격을 갖는 것임과 동시에, 인간의 지나친 욕심에 근거한 소비 지상주의와 발전(성장) 지상주의의 생활양식을 억제하는 한편으로, 그에 맞서는 새로운 삶의 양식, 곧 자연과의 상호 의존을 가능케 하는 소박한 삶의 양식을 적극 장려하는 것이라 할 수 있다. 요즘처럼 경제가 어려울 때에는 너무 인색하게 사는 것보다는 적당하게 소비하는 것이 경제를 윤택하게 해줄 수도 있다고 하지만, 장기적인 시각에서 본다면, 합리적인 소비 정신에 기초한 아나바다 운동이야말로 미래의 후손들에게 잘 보존된 깨끗한 지구를 떳떳하게 유산으로 물려줄 수 있게 하는 새로운 돌파구가 될 것이다.

우리는 기억하지 않으면 안 된다. 다양한 형태의 환경 보전 운동이 활발하게 벌어지는 와중에도 여전히 생태계의 파괴를 가속시키는 인구 증가와 도시화 및 그로 인한 소비의 증가 및 자연 개발이 끊임없이 이루어지고 있다는 사실을 말이다. 따라서 아나바다 운동은 단순히 에너지 절약과 자원 재활용의 차원에 머물러서는 안 되는 것이다. 그것은 참으로 모든 이들로 하여금 생태학적인 신앙 윤리를 갖게 함으로써 환경 의식을 생활화하고 생태학적인 사명을 현실화할 수 있게 하는 21세기의 새로운 환경 운동으로 방향 전환을 할 필요가 있다. 교회와 기독교인들을 비롯한 이 시대의 모든 시민들이 이러한 의미의 아나바다 운동에 적극 참여할 때, 비로소 우리는 하나님의 선물인 자연을 그의 뜻에 맞게 잘 관리하고 지키도록 위임받은 청지기의 역할(창 1:26-28)을 제대로 수행할 수 있을 것이다.

구약성서와 성(性)

하나님의 창조 질서를 회복하는 일이

이 시대의 교회에게 부과된 시대적인 사명이다.

구약성서는 성(性) 자체를 아름답고 선한 것으로 본다. 구약성서의 이러한 시각은 첫 인간의 창조와 남녀 사이의 결합에 관해 묘사하는 창세기 1-2장에 잘 반영되어 있다. 이 본문에 의하면, 동일하게 하나님의 형상으로 창조(창 1:26-28)된 남자와 여자는 성 관계(결혼)를 통해 한 몸을 이루며(창 2:24), 서로의 성적인 결합을 통해 생육하고 번성하는 일은 하나님의 복으로 이해된다(창 1:28). 이것은 남녀의 성적 결합이 지극히 자연스러운 것이요, 창조 질서에 부합되는 것임을 뜻하며, 둘 사이의 결합이 사랑에 근거한 것이어야 함을 암시한다.

이 점은 남자와 여자 사이에 주고받는 사랑의 노래 내지는 결혼의 노래로 알려진 아가서에 의해 뒷받침된다. 아가서

(雅歌書)는 '쉬르 하쉬림'(Song of the Songs)이라는 히브리어 제목에서 보듯이, 남녀 간의 사랑과 결혼에 관한 노래야말로 세상에서 가장 훌륭하고 멋있는 노래임을 강조한다. 어떤 이들에게는 육체의 아름다움에 관한 아가서의 성적인 묘사들이 세속적이고 육적(肉的)인 것으로 비쳐질 수도 있겠지만, 아가서는 남녀 간의 사랑이 정신과 육체의 결합으로 완성된다는 평범한 사실을 그렇게 해서 보여주고 있다.

창세기와 아가서의 이러한 교훈은 결국 남녀 간의 사랑과 그에 기초한 성적인 결합이 하나님의 선물이요, 하나님께서 주신 가장 소중한 삶의 원리임을 가르쳐준다. 그 까닭에 신명기는 갓 결혼한 자의 군복무를 1년 유예함으로써 결혼과 가정을 사회 복지 차원에서 보호한다(신 20:7; 24:5).

그런가 하면 지혜문학은 결혼에서 성생활의 즐거움이 갖는 중요성을 강조한다. 젊어서 취한 아내를 즐거워하고 그를 사랑할 것을 권하는 잠언의 가르침(잠 5:18-19)이나, 사랑하는 아내와 함께 즐겁게 살라는 전도서의 교훈(전 9:9)이 그러하다. 지혜문학의 이러한 가르침은 음녀(淫女)를 경계하고(잠 2:16-19; 5:3, 20; 6:24-26; 7:1-27; 22:14; 23:27; 29:3) 남의 아내와 통간(通姦)하는 것을 금하는(잠 6:29-32) 것과도 연결된다.

이처럼 중요한 의미를 갖는 성은 자녀 생산을 통하여 가족이나 씨족 집단을 유지하고 확대시키는 데 없어서는 안 될 절대적이고 유일한 방법으로 이해되기도 한다. 특히 가부장적인 권위가 지배하던 시대에 있어서는 가문을 이어갈 아들을 낳는 일이야말로 성 관계의 가장 중요한 목적으로 간주되는 바, 이 점은 이스라엘 공동체에 있어서도 예외가 아니었다. 아들을 출산할 경우 성대한 잔치를 벌이는 이유가 바로 거기에 있었다(창 21:8; 룻 4:14-17). 아들을 하나님의 "후한 선물"(창 30:20)로 보는 시각도 마찬가지이다.

하나님이 아브라함을 포함한 이스라엘의 족장들에게 주신 자손 약속(창 13:16; 15:5; 17:5-6; 22:17; 26:4 등)도 동일한 목적을 가진 것이었다. 이 점에서 본다면, 롯의 두 딸이 아버지를 통해 아들들을 낳은 일(창 19:30-38)이나 유다의 며느리 다말이 시아버지 유다를 통해 상속자를 낳고자 한 일(창 38:12-30)도 같은 맥락에 속한다고 볼 수 있다. 롯의 두 딸과 유다의 며느리 다말이 한 일은 근친상간이라는 점에서 도덕적으로 크게 문제되는 일이었지만, 그것이 성적인 쾌락을 누리려는 불건전한 생각에서 비롯된 것이 아니라 가문 존속과 종족 보존을 위한 필사적인 노력에서 비롯된 것인 까닭에, 창세기 본문은 그에 대한 별다른 비판을 가하지 않음으로써 그 여인들의 행동을 정당화시킨다.

요컨대, 구약성서는 성을 아름답고 선한 것으로, 하나님께서 사람에게 주신 선물로 이해한다. 아울러 구약성서는 하나님께서 창조하신 성이 남녀 사이의 순전한 사랑에 의해서 완성된다는 사실을 강조한다. 그러나 성은 단순히 남녀 간의 사랑이라는 차원에만 머물지 않는다. 그것은 결혼과 가정이라는 규범적인 질서를 통해 사회화의 과정을 거치게 되며, 사랑에 기초한 성 관계는 생육과 번성의 복을 이루어감으로써 하나님을 중심으로 하는 건강한 공동체가 자라가고 성장하는 것을 가능하게 한다.

그러나 불행하게도 오늘의 시대는 구약성서가 말하는 올바른 성 개념으로부터 매우 멀리 떨어져 있다. 구약성서가 금하는 온갖 성범죄가 사회 구석구석에 만연되어 있다는 사실이 그 점을 분명하게 보여준다. 사람들의 의식 속에 성에 대한 뚜렷한 규범 의식이 없으며 가정과 결혼은 그 순수함을 잃은 지 오래다. 도처에 정욕과 육욕을 자극하는 성의 문화가 범람하고 있어서 자라나는 세대들의 성 문화가 어떠할지 한눈에 짐작할 수 있게 한다. 너무 청교도적이라 할지 모르겠으나, 오늘의 시대야말로 구약성서가 말하는 건전한 성 개념이 절실하게 필요한 때이다. 하나님의 창조 질서를 회복하는 일이 이 시대의 교회에게 부과된 시대적인 사명일진대, 무너져 내리고 있는 결혼과 가정의 질서를 바로 잡아주고, 비뚤어진 성의 문화에 올바른 사랑의 생기를 불어넣어 주는 일은 당연히 교회의 몫으로 돌아가야 할 것이다.

입은 하나요 귀는 둘

사람의 혀는 배의 키와도 같은 것으로 간주된다.
아무리 큰 배라도 조그마한 키 하나만 있으면 방향을 마음대로 조절할 수 있다.

"소언다행"(少言多行)이라는 말이 있다. 가능한 한 말은 적게 하고 행동과 실천은 많이 하라는 뜻이다. 말이 많으면 실수하기 쉬울 뿐만 아니라 때때로 주변 사람들에게 가벼운 사람이라는 인상을 줄 수도 있기 때문이다. 그러나 말을 적게 하고 행동과 실천에 중점을 두다 보면 실수도 적을 것이요, 주변 사람들로부터 인정도 받게 될 것이다.

"말이 많으면 허물을 면하기 어려우나 그 입술을 제어하는 자는 지혜가 있느니라"는 잠언 10:19의 가르침과 "행함이 없는 믿음은 죽은 믿음"임을 강조하는 야고보서 2:14-26의 가르침야말로 이를 가장 설명해주는 말씀이 아닌가 싶다. "침묵은 금"이라는 속담도 이에서 벗어나지 않을 것이다.

여기서 우리는 하나님이 태초에 인간을 창조하실 때 입이나 혀는 한 개씩만 만드시고 귀는 두 개나 만드셨다는 흥미로운 사실을 염두에 둘 필요가 있을 것이다. 이를테면 말하는 것의 두 배는 더 들으려고 노력해야 한다는 얘기다. 이를 뒤집어서 얘기하자면, 평소에 듣는 양의 절반 정도만 말하려고 노력해야 한다는 뜻이 된다(참조. 전 5:2). 이는 곧 말하는 것과 듣는 것의 비율이 1:2는 되어야 정상이요, 창조 질서에 부합되는 것임을 의미한다.

이에 대한 성경의 구체적인 가르침은 어떠한가? 먼저 말하는 것과 관련된 경우를 보도록 하자. 성경은 입과 혀를 같은 차원에서 언급하면서, 누구나 언어생활에 주의할 것을 여기저기에서 강조한다. 그 가장 대표적인 본문이 바로 야고보서 3:3-12이다. 이 말씀에 의하면, 사람의 혀는 배의 키와도 같은 것으로 간주된다. 아무리 큰 배라 할지라도 조그마한 키 하나만 있으면 그 방향을 마음대로 조절할 수 있다.

또한 사람의 혀는 불과도 같다. 불은 잘 사용하면 여러 가지로 유익한 일에 쓸 수 있지만, 잘못 사용하면 엄청난 재난을 초래할 수 있으며 많은 사람에게 손해를 끼치기도 한다(약 3:5-6). 사람의 혀도 마찬가지이다. 말을 잘하고 잘못함에 따라서 자신에게 유익이 되기도 하고 손해가 되기도 한다. 혀를 잘 다스리는 사람은 삶에 성공할 수 있지만, 혀를 자기 마음대로 사용하는 사람은 여러 가지 실패를 경험하게 된다(잠 10:19-21).

그리스도인은 누구보다도 혀를 조심스럽게 쓰는 사람이다. 그는 사람의 혀가 능히 길들일 수 없는 것으로서, 쉬지 아니하는 악이요, 죽이는 독이 가득한 것임을 잘 알고 있으며, 한 입에서 찬송과 저주가 나온다는 것도 잘 알고 있다(약 3:7-12). 그러기에 그는 더러운 말은 입 밖에 내지 않고 도리어 누구에게든지 덕이 되고 도움이 되는 말을 하려고 노력한다(엡 4:29). 설령 실수해서 남의 감정을 상하게 하는 말을 해도, 그는 그로 인하여 마음속으로 괴로워하며, 그 상처가 속히 치료되기를 간구한다. 그리고 기회 있는 대로 자신의 잘못을 상대방에게 고백하고 용서를 구한다.

그렇다면 사람의 귀는 어떠한가? 될 수 있는 대로 유익한 말을 들으려고 노력하고 남의 말을 아무 선입견 없이 들어줄 줄 아는 귀가 복된 귀이다. 어떤 이야기이든 너그럽고 관대한 마음으로 들어주고, 지혜롭게 자기 감정을 억제하는 자의 귀가 참으로 하나님의 사랑을 받는 귀이다. 나의 주장과 의견을 앞세워 말하기보다는 겸손한 마음으로 상대방의 주장과 의견에 귀를 기울일 줄 아는 사람의 귀도 마찬가지로 하나님의 사랑을 받는 복된 귀이다.

야고보서 1:19는 하나님의 사랑을 받는 복된 귀의 역할에 대해서 이렇게 말한다: "사람마다 듣기는 속히 하고 말하기는 더디 하며 성내기도 더디 하라." 이런 귀를 가진 자야말로 참된 경건에 도달한 자라 할 수 있다. 다른 사람이 때때로 자신에게 유익이 되지 않거나 자신의 감정을 상하게 하는 말을 할 때에도, 화를 내면서 미워하는 마음보다는 그를 용서하고 그의 잘못을 감싸주는 사람의 귀가 바로 하나님이 원하시는 귀인 것이다. 그리고 무엇보다도 중요한 것은, 하나님의 목소리를 듣되, 단순히 듣는 것으로만 끝나지 않고 도리어 자신이 들은 그 목소리에 순종하고자 하는 사람의 귀를 하나님이 가장 기뻐하신다는 사실이다(삼상 15:22).

어찌 보면 혀와 귀는 서로 상극인 것처럼 보인다. 그러나 이 둘은 서로를 보완하는 관계를 가지고 있다고 보아야 옳을 것이다. 진정한 그리스도인은 혀와 귀를 다 절제할 줄 아는 사람이다. "삼사일언"(三思一言)이라는 말이 있듯이, 세 번 생각하고 한 번 말하는 습관을 몸에 익힌 자라면 누구나 혀와

귀에 도통한 사람들이라 할 것이다. 우리 모두 그런 사람이 되었으면 한다.

하나님의 형상으로 창조된 인간

사람이 하나님의 형상을 따라 만들어졌다는 것은
그야말로 모든 인간이 하나님의 창조 질서 안에서는 평등하다는 얘기가 된다.

창세기 1장을 보면 하나님이 맨 처음 인간을 창조하시되, 자신의 형상을 따라 창조했다는 흥미로운 말씀(26-28)이 나온다. 이 말씀이 무엇을 뜻하는지에 대해서 신학자들이나 기독교인들은 다양한 견해 차이를 보이고 있다. 이 말씀을 과거에는 사람이 하나님의 본질이나 속성을 닮은 존재로 만들어졌음을 뜻한다고 이해해 왔다. 그런가 하면 26절에 나오는 "형상"('첼렘')이나 "모양"('드무트')이라는 히브리어 낱말이 어떤 다른 것을 본떠서 만든 모상(模像)을 뜻한다고 보아, 창세기 1:26-28의 말씀은 결국 사람이 하나님의 외형적이고 육체적인 모습을 닮게끔 만들어진 것을 뜻한다고 보았다.

그러나 이러한 견해들은 사람을 몸과 정신(또는 영혼)으로 구분하지 않고 오히려 전인(全人)으로 보는 구약성서의 기본 개념에 적합하지 않다. 하나님의 형상이 구체적으로 어떠한 의미를 갖는지를 바로 알기 위해서는, 먼저 창세기의 본문이 우리에게 무엇을 말하고 있는지를 살필 필요가 있다. 그러나 사실 이 본문은 하나님의 형상이 무엇인지를 분명하게 밝히고 있지 않다.

그럼에도 한 가지 분명한 것은 하나님의 형상이 다른 피조물을 다스리고 지배하는 것과 밀접한 관련을 가지고 나타난다는 사실이다. 이 점은 26절과 28절에 반복되어 나타나고 있다: "…우리의 형상을 따라 우리의 모양대로…사람을 만들고 그들로…다스리게 하자 하시고…하나님이…형상대로 사람을 창조하시되…정복하라…다스리라 하시니라." 요컨대 사람은 모두가 다 예외 없이 하나님의 형상을 가지고 있는데, 이는 사람이 다른 피조물을 다스리고 지배할 수 있는 권한을 가지고 있음을 뜻한다는 것이다.

창세기 1:26-28에 대한 해설이라 할 수 있는 시편 8:5-8도 이 점을 강조하고 있다: "그를 하나님보다 조금 못하게 하시고 영화와 존귀로 관(冠)을 씌우셨나이다. 주의 손으로 만드신 것을 다스리게 하시고 만물을 그의 발 아래 두셨으니…"

이러한 해석은 고대 근동에서 발견되는 유사 본문들, 특히 왕과 관련되어 나타나는 본문들을 배경으로 하여 볼 때 더욱 명확해진다. 이집트나 바벨론 지역에서는 왕을 일컬어 "신의 형상"이라고 부르면서 그것을 왕권과 관련시키고 있기 때문이다.

그러나 구약성서는 어디에서도 하나님의 형상이라는 칭호를 왕에게 사용하지 않고 있다는 점에서 고대 근동의 평행 문헌들과 큰 대조를 이룬다. 이는 결국 창세기 본문이 한때는 왕에게만 돌려졌던 사실, 즉 지상의 왕들이 "신의 형상"으로서 왕적인 통치권을 행사할 것이라는 사실을 "남자와 여자"(창 1:27)를 포함한 모든 인간에게 일반화시키고 있는 것에 다름 아니다. 이것을 뒤집어서 이야기한다면, 하나님은 사회의 어느 특권층에게만 다른 피조물에 대한 왕적인 통치권을 주신 것이 아니라 그야말로 모든 인간('아담')에게 그것을 주신 것이다.

여기서 분명해지는 것은, 하나님이 사람을 창조하실 때 그들 사이에 아무런 차별도 없게 하셨다는 사실이다. 달리 말해서 하나님의 창조 질서 안에는 신분이나 계급에 의한 차별, 또는 성별(性別)에 따른 차별이 조금도 없었다는 것이다. 하나님의 형상은 어디까지나 사람이 다른 피조물에 대하여 갖는 통치권을 의미하는 것이지, 어떤 한 부류의 사람들이 다른 부류의 사람들에 대해서 갖는 통치권을 뜻하지 않기 때문이다. 따라서 사람이 하나님의 형상을 따라 만들어졌다는 것은 그야말로 모든 인간이 하나님의 창조 질서 안에서는 평등하다는 얘기가 된다.

이러한 원리에 의한다면, 오늘날 우리 사회 안에서 이루어지는 각종 억압과 착취는 하나님의 창조 질서를 파괴하는 것에 다름 아니다. 부자가 가난한 자를, 남자가 여자를, 그리고 한국인이 가난한 외국인을 억압하고 짓밟는 것이 그러하다. 또한 힘 있고 권력 있는 자가 그렇지 못한 자를 억울하게 하는 것도 마찬가지이다. 정치권력이라는 것은 어디까지나 국민을 섬기라고 준 것이지 국민 위에 군림하면서 국민의 권리를 마음껏 유린하라고 준 것이 아니기 때문이다. 하나님은 어느 누구에게도 그러한 권한을 주신 적이 없다. 오늘의 한국 사회를 이끌어가는 지도자들은 이 점을 마음 깊이 새겨야 할 것이다.

남녀 창조의 비밀

하나님께서 남자의 갈빗대로 여자를 만드시고 난 후에야
비로소 하나님의 사람 창조가 마무리되고 하나님의 창조 사역이 완성되었다.

이 세상에 사는 모든 인간은 나이를 불문하고 남자 아니면 여자로 구분된다. 적어도 외형적인 형태에 있어서는 그렇다. 하나님이 인간을 그렇게 창조하셨기 때문이다. 따라서 세상에 사는 인간의 절반은 남자이고 나머지 절반은 여자라 해도 틀린 말이 아니다. 남자와 여자는 하나님이 창조하신 인간을 규정하는 가장 큰 범주에 해당하는 것이다. 그래서인지 남자와 여자의 창조는 매우 흥미로운 과정을 거쳐서 이루어진다. 창세기 2장에 그것이 자세하게 기록되어 있다.

먼저 하나님은 흙으로 남자를 빚어 만드시고 그 코에 생기를 불어넣으심으로써 그를 살아 있는 존재가 되게 하셨다(7절). 그를 위해 에덴 동산을 선물로 주신 하나님은 그로 하여금 그곳을 경작하며 지키게 하셨고, 선악을 알게 하는 나무의 열매를 제외한 모든 나무의 열매를 먹게 하셨다(8-17절). 그러나 그가 혼자 사는 것이 하나님께는 좋지 않게 보였다. 그리하여 하나님은 그를 위하여 돕는 배필을 지어주기로 작정하셨다(18절).

여기서 우리의 관심을 끄는 표현이 하나 있다. "돕는 배필"이라는 표현이 그렇다. 히브리어 원문에 의하면 이 표현은 '에제르 크네그또'이다. 그런데 흥미롭게도 히브리어 낱말 '에제르'는 일반적으로 사람을 도우시는 하나님의 구원을 지칭하는 것으로, 하나님께 대하여 자신의 신앙을 고백할 때 주로 사용되는 것이다(삼상 7:12의 '에벤에셀'="도움의 돌"). 시편에서 하나님을 향한 고백에서 자주 나오는 "도움"이라는 명사가 바로 이 '에제르'이다.

이 점에서 본다면, "도움"이라는 것은 단순히 남의 일을 돕고 거들어주는 다분히 종속적인 행동을 지칭하지 않음이 분명해진다. 그것은 오히려 사람에게 반드시 필요한 하나님의 도우심과 마찬가지로, 남자에게 없어서는 안 될 필수적이고 절대적인 "도움"을 뜻한다. 그리고 '에제르'에 이어 나오는 '크네그또'는 "짝 또는 상대자"(partner; counterpart)를 뜻하는 낱말 '네게드'가 변형된 것이다. 여기서 짝이나 상대자는 결코 종속적인 지위에서의 짝이나 상대자가 아니라 동등한 지위에서의 짝이나 상대자를 가리키는 바, 이는 남자와 여자가 상호 의존 관계에 있음을 보여준다.

따라서 '에제르 크네그또'는 "그의 짝(또는 상대자)으로서의 도움"으로 직역할 수 있다. 이러한 원래적인 의미에 비추어볼 때, 하나님의 창조 질서 안에서 여자는 남자에게 없어서는 안 될 절대적인 도움의 존재로, 그리고 남자와 대등한 그의 짝으로 지어졌음이 분명하다. "남자와 여자"가 똑같이 하나님의 형상을 따라 만들어졌다는 것도 이러한 사실을 뒷받침한다(창 1:27).

그러기에 적어도 하나님의 창조 질서를 소중히 여기는 그리스도인이라면 여자를 남자의 부속품처럼 생각하는 잘못된 태도를 버려야 한다. 여자를 차별하면 안 된다는 말이다.

물론 하나님이 사람을 "남자와 여자"로 만드셨다는 것은, 비록 이들이 동등하기는 하지만 그 하는 일이나 역할은 같을 수 없다는 것을 암시한다. 그 까닭에 남자와 여자가 동등하다는 것을 이유로 남자와 여자 사이에 있는 본래적인 구별을 무시하려는 태도 역시 경계해야 마땅하다. 달리 말해서 여자는 차별의 대상이 되어서는 안 되지만, 그렇다고 해서 남자와의 사이에 있는 기본적인 구별마저도 없애려고 하는 것은 도리어 하나님의 창조 질서를 거스르는 것이 될 수 있다는 말이다.

그렇다면 하나님은 어떠한 과정을 거쳐서 여자를 창조하셨는가? 남자에게 알맞은 짝을 만드시기로 작정하신 하나님은 맨 먼저 흙으로 모든 들의 짐승과 공중의 모든 새를 빚어 만드셨다. 그리고서 그것들을 남자에게로 이끌고 가셔서 그가 그것들을 무엇이라고 부르는지를 보셨다. 그런데 그 남자는 자기에게 주어진 들짐승과 새들을 보고서 그것들이 자기에게 알맞은 짝('에제르 크네그또')이 될 수 없음을 발견하였다(20절). 표준새번역 개정판이나 공동번역 개정판은 이를 다음과 같이 실감나게 표현함으로써 히브리어 원문을 비교적 충실하게 반영하고 있다: "그러나 그 남자를 돕는 사람, 곧 그의 짝이 없었다"(새번역); "그 가운데는 그의 일을 거들 짝이 보이지 않았다"(공동번역). 그래서 그는 그들을 자신의 '에제르'라 부르지 않고 도리어 그들에게 알맞은 이름을 따로 지어주었다. 그가 지어준 이름들은 그대로 그것들의 이름이 되었다(19-20절).

하나님은 남자가 들짐승과 새들 가운데에서 자신에게 알맞은 짝을 발견하지 못하자 그를 깊은 잠에 빠지게 하시고 그의 갈빗대 하나를 취한 후 그 빈 곳을 살로 채우셨다(21절). 그 다음에 그 갈빗대를 가지고서 남자의 짝이 될 여자를 만드셨다. 여기서 중요한 것은, 하나님이 여자를 갈빗대로 여자를 만드셨다는 것이 도대체 무슨 의미를 갖느냐 하는 것이다. 누구나 잘 알고 있듯이, 갈빗대는 인체의 가장 중요한 부분들을 보호하는 역할을 수행한다. 그리고 갈빗대를 뜻하는 히브리어 '첼라'는 사실 "생명"이라는 뜻을 포함하고 있다.

따라서 여자는 남자를 지탱해주는 존재요 남자의 생명으로부터 비롯된 존재, 또는 남자와 생명을 같이 하는 존재임이 분명해진다. 이것은 남자가 나중에 자신에게 주어진 여자의 이름을 "생명"이라는 뜻의 '하와'라고 짓는 것(3:20)이나 여자가 남자에게 꼭 필요한 도움을 주는 자요, 그에게 알맞은 짝이라는 개념과 거의 일치한다. 더 나아가서 여자가 남자의 하체나 상체의 일부에 의해서 만들어지지 않고 중심부에 있는 갈빗대에 의해서 만들어졌다는 것 역시 여자가 본질적으로 남자와 동등한 존재임을 암시한다고 볼 수 있다. 마지막으로 한 가지 더 추가한다면, 남자가 깊은 잠에 빠졌을 때 여자가 만들어졌다는 것(21절)은, 하나님께서 여자를 만드시는 일에 남자의 역할이 전적으로 배제되어 있다는 것을 뜻한다는 점이다. 이것 역시 여자가 남자와 동등한 독립적인 인격임을 보여 주는 것이라 하겠다.

그리하여 마침내 남자는 하나님께서 만드신 여자를 보는 순간, 기쁨에 가득 찬 채로 "이는 내 뼈 중의 뼈요 살 중의 살이라"는 위대한 사랑을 고백한다. 그리고서는 그 여자를 '이쉬'(남자; man)에게서 비롯되었다 하여 '잇샤'(여자; woman)로 칭한다(23절). 이는 여자가 남자와 결합하여야 비로소 완전한 하나가 된다는 것을 뜻한다(24절). 이로써 분명하게 드러나는 것은, 하나님이 여자와 남자를 동등한 존재로 만드시고 이들을 연합하게 하심으로써 인간 창조를 훌륭하게 마무리짓고 계시다는 점이다.

요컨대, 하나님이 여자를 만드신 것은 하나님의 사람 창조의 절정(絶頂)에 속하는 것이라 할 수 있다. 사실 하나님의 사람 창조는 남자보다는 여자에 더 많은 내용을 할애하고 있다. 이는 1장에서 하나님의 우주 창조를 차례대로 설명하면서 마지막에 상세하게 인간 창조에 대해서 묘사하는 것과 유사한 방법이다. 그리고 2장에서 보듯이 남자만의 창조는 하나님의 사람 창조를 마무리짓는 것이 아님이 분명하다. 즉 남자만의 창조는 미완(未完)의 창조나 다름이 없는 것이다. 하나님께서 남자의 갈빗대로 여자를 만드시고 난 후에야 비로소 하나님의 사람 창조가 마무리되고 하나님의 창조 사역이 완성되기 때문이다. 하나님을 올바로 믿는 사람이라면 누구나 이처럼 놀라운 남녀 창조의 비밀을 마음 깊이 새겨두어야 할 것이다.

하나님 사랑, 어버이 사랑

부모를 공경하는 자는 하나님께서 주신 땅에서 장수하는 복을 누릴 것이다.
이러한 복은 하나님의 규례와 명령을 잘 지키면 받게 될 복과 동일한 것이다.

사람들 사이의 관계 중에서 가장 기본적인 것이 바로 자녀와 부모 사이의 관계이다. 어느 시대에도 인간은 어떤 한 부모의 자녀이기를 중단한 적이 없다. 그 까닭에 십계명은 부모 공경과 관련된 계명을 수평적인 차원에 속한 계명들의 첫 번째 것으로 규정하고 있다(출 20:12). 이 계명에서 가장 먼저 주목할 것은, 그것이 아버지와 어머니를 똑같이 존중히 여겨야 할 자들로 여기고 있다는 점이다(참조, 엡 6:1-2). 이것은 이스라엘 사회의 가부장제적인 성격이 명백하다는 사실을 고려한다면 참으로 놀라운 일이 아닐 수 없다.

그러나 이보다 더 놀라운 것은, 부모 공경을 명하는 다섯 번째 계명이 하나님과의 수직적인 관계에 대해서 규정하는

1-4계명과 똑같이 "하나님"(히브리어로 '엘로힘')이라는 낱말을 가지고서 나타난다는 점이다. 물론 여섯 번째 계명부터는 이 낱말이 전혀 나타나지 않는다. "하나님"이라는 낱말의 이러한 용례는 사람 사이의 수평적인 관계에 적용되는 부모 공경 계명이 얼마나 중요한 것인지를 강조하는 효과를 갖는다. 아울러 그 낱말은 이 계명이 수직적인 차원의 계명들과 수평적인 차원의 계명들을 연결하는 역할을 수행하고 있음을 암시한다. 뿐만 아니라 그것은 이 계명이 하나님께 대해서 지켜야 할 계명에 포함시켜도 좋은 계명임을 의미한다. 왜냐하면 부모는 생명의 근원이신 하나님을 대신하여 나를 낳으시고 양육하시는 분이요, 생명을 창조하는 일에 하나님의 동역자 내지는 대리인으로서 대단히 중요한 역할을 수행하고 있기 때문이다.

부모가 생명을 창조하는 일에 있어서 하나님의 역할을 대신하고 있다는 사실은, 하나님과 이스라엘 사이의 관계를 부모와 자녀 관계로 보는 은유(출 4:22; 호 11:1-3; 사 64:8; 66:12-13 등)에 의해서 뒷받침된다. 또한 다섯 번째 계명의 후반부에서 부모를 공경하는 자에게 생명과 장수(長壽)가 약속되어 있다고 언급하는 것 역시 제 5계명이 하나님과 관련된 계명임을 암시한다(출 20:12; 신 5:16; 엡 6:3). 신명기 27:15-16에 있는 열두 가지 저주들 가운데 첫 번째의 것이 하나님께 대한 죄인 우상 숭배이고, 두 번째의 것이 부모에 대한 죄라는 사실 역시 마찬가지 시각에서 이해될 수 있다. 다음의 본문들에서 보듯이 부모를 공경하지 못하는 자녀를 사형이라는 엄벌에 처하는 것은 바로 이 때문이다:

자기 아버지나 어머니를 치는 자는 반드시 죽일지니라 (출 21:15)

사람에게 완악하고 패역한 아들이 있어 그의 아버지의 말이나 그 어머니의 말을 순종하지 아니하고 부모가 징계하여도 순종하지 아니하거든, 그의 부모가 그를 끌고 성문에 이르러 그 성읍 장로들에게 나아가서, 그 성읍 장로들에게 말하기를, "우리의 이 자식은 완악하고 패역하여 우리 말을 듣지 아니하고 방탕하며 술에 잠긴 자라" 하면, 그 성읍의 모든 사람들이 그를 돌로 쳐죽일지니, 이같이 네가 너희 중에서 악을 제하라. 그리하면 온 이스라엘이 듣고 두려워하리라 (신 21:18-21)

이 말씀들에 의하면, 부모에게 잘못을 저지르는 자녀는 하나님의 백성에 속할 자격이 없는 사람이요, 따라서 이스라엘 공동체에서 영원히 추방되어야 할 사람이다.

부모 공경 계명이 갖는 이러한 의미는, 부모를 공경하는 것이 마치 하나님을 경외하는 것과도 같은 차원에 속한 것임을 강조하는 효과를 갖는다. 사실 이 계명이 긍정적인 구문으로 되어 있고 "공경하다"는 폭넓은 의미의 동사를 사용하고 있다는 것은, 그것이 어떤 특정한 행동을 지시하고 있는 것이 아님을 보여준다. 그것은 자녀들로 하여금 어떤 형식으로든 부모를 공경하는 방식으로 응답할 것을 가르치고 있다는 점에서 개방적인 계명이라 할 수 있다. 이 점에 비추어볼 때, 부모를 대함에 있어서 자녀가 마땅히 가져야 할 태도에는 존경, 존중, 관심, 배려, 애정, 이해심, 감사, 순종 등이 반드시 포함되어야 할 것이다.

아울러 이 계명은 연로한 부모 또는 일할 수 있는 능력이나 정신력이 현저하게 쇠퇴한 부모를 학대하거나 괴롭히는 일을 금지하려는 의도를 가지고 있기도 하다. 그러나 인간의 수명이 길어지게 됨으로써 노년 인구가 점차 늘어나는 오늘날의 시대에는, 자녀들의 힘만으로 이 계명을 완전하게 지킨다는 것이 불가능에 가깝다는 현실적인 한계에 부닥치게 된다. 결국에는 국가와 정부가 다양한 차원에서 이 계명을 지켜야 할 책임을 일부나마 질 수밖에 없다는 결론이 생겨난다. 이 때문에 연로한 부모를 모시고 있는 현 세대의 자녀들은, 국가와 정부가 양질의 요양원 시설이나 폭넓은 의료 혜택 등의 다양한 사회 복지 정책에 얼마나 충실한지를 감시하고 비판함으로써 부모 공경 계명을 간접적으로나마 성취할 수 있어야 할 것이다.

다른 한편으로, 이 계명은 부모를 모시고 있는 자녀에게 뿐만 아니라 자녀를 둔 부모에게도 똑같이 적용되는 것이기도 하다. 즉 자녀들에게 공경을 받을 수 있는 부모가 되기 위해 최선을 다하는 부모가 되어야 한다는 의미가 이 계명의 배후에 감추어져 있는 것이다. 이러한 목표를 이루기 위해서는 자녀들을 양육하고 돌보는 일 못지않게 그들을 신앙적으로 바르게 지도하는 일이 필수적으로 요구된다(신 6:4-9, 20-25). 부모 공경에 관해 권면하는 에베소서 6:1-4이 이 점을 잘 반영하고 있다: "또 아비들아, 너희 자녀를 노엽게 하지 말고 오직 주의 교훈과 훈계로 양육하라"(6:4). 이 점에 비추어본다면, 오늘날 심각한 사회 문제가 되고 있는 자녀 학대와 같은 행동은 이 계명을 성실하게 지키지 못한 데에서 비롯된 것이라 할 수 있다.

부모를 공경하는 자에게는 어떠한 복이 따르는가? 출애굽기 20장 12절 하반절에 의하면, 부모를 공경하는 자는 하나님께서 주신 땅에서 장수하는 복을 누리게 될 것이다. 이러한 복은 하나님의 규례와 명령을 잘 지키면 받게 될 복과 동일한 것으로서(신 4:40; 5:33; 22:7; 25:15 등), 하나님을 대신하여 생명을 주신 부모를 공경하는 것은 곧 생명의 주인이신 하나님을 공경하는 것과 동일한 까닭에, 생명과 관련된 보상이 주어질 것임을 의미한다. 바울 사도는 에베소서 6:3에서 장수의 복에 더하여 형통함의 복이 덤으로 주어질 것임을 약속한다: "이로써 네가 잘 되고 땅에서 장수하리라." 여러분 모두에게 이러한 복이 임하기를 간절히 바란다.

너는 내 것이다!

오늘의 신앙인들은 두려워할 필요가 없다.
어떠한 삶의 정황에 처해 있을지라도 두려움에 사로잡힐 필요가 없다.

이사야 43:1에는 성도들이 힘들고 어려울 때 자주 암송하는 귀한 위로의 말씀이 담겨 있다: "야곱아 너를 창조하신 여호와께서 지금 말씀하시느니라. 이스라엘아 너를 지으신 이가 말씀하시느니라. 너는 두려워하지 말라. 내가 너를 구속하였고 내가 너를 지명하여 불렀나니 너는 내 것이라." 특히 맨 마지막의 "너는 내 것이라"는 말씀은 고통과 절망에 빠진 이들에게 큰 위로와 힘을 주는 말씀이 아닐 수 없다.

그런데 이 말씀의 배경은 그렇게 간단하지가 않다. 일반적으로 이 말씀은 나라가 망한 뒤에 살아남아 바벨론에서 포로생활을 하는 사람들에게 주어진 위로와 희망의 메시지로 알려져 있다. 당시에 바벨론에서 포로생활을 하던 이스라엘 백성은 실의와 좌절에 빠져 있었다. 이 때문에 그들은 두 가지 중대한 신앙의 위기에 직면해 있었다. 그 하나는 하나님의 정체성에 관한 것이었고, 다른 하나는 선민 이스라엘의 정체성에 관한 것이었다.

당시에 살아남은 사람들은 하나님이 과연 전능하신 분인지에 대해서 많은 의문을 가지고 있었다. 그렇지 않고서야 자기들의 나라가 그렇게 쉽게 망할 리가 없기 때문이다. 하나님의 전능하심에 문제가 있으니 자기들이 망한 것이 아니냐는 것이 그들에게 닥친 심각한 의문이었던 것이다. 또한 그들은 자기들이 하나님의 선민이 아닐 수도 있다는 생각을 했다. 하나님이 자기들을 버리셨기에 자기들의 나라가 망한 것이라고 생각했던 것이다(겔 8:12; 9:9).

이스라엘 백성은 이러한 신앙적 위기 앞에서 어찌할 바를 몰랐다. 그들은 남의 나라에서 힘겹게 포로생활을 하면서 한결같이 두려움에 사로잡혀 있었다. 이것을 잘 알고 계신 하나님은 자기 백성이 그동안 저지른 죄악에 대하여 이제 충분한 징계를 받았다고 생각하셨기에(40:1-2), 이제는 그들을 위로하고 격려하고자 하셨다. 특히 당시의 이스라엘 백성에게 닥친 신앙적인 위기에 대해서 해답을 주어야 할 필요성을 느끼셨다. 그리하여 주신 말씀이 앞서 언급한 이사야 43:1 말씀이다.

이 말씀은 무엇보다도 하나님이 창조주이심을 강조한다. 창세기 1-2장에서 하나님의 창조사역을 설명하는 중요한 동사 두 개가 이곳에 쓰이고 있다는 사실이 그 점을 뒷받침한다. '바라' 동사와 '야차르' 동사가 그렇다. '바라' 동사("창조하신"으로 번역되어 있음)는 이른바 "무에서의 창조"(creatio ex nihilo, creation from nothing)를 뜻하는 낱말이다. 그리고 '야차르' 동사("지으신"으로 번역되어 있음)는 흙을 빚어서 그릇을 만드는 도공(陶工)의 행동을 가리키는 낱말이다.

이 두 개의 동사는 이스라엘 백성이 생각하는 것처럼 하나님이 전능하지 않으신 분도 아니요 무능한 신도 아님을 분명하게 밝히고 있다. 하나님의 정체성에 대한 그들의 의심이 잘못된 것임을 밝히고 있다는 얘기다. 그런데 흥미롭게도 이사야는 하나님의 창조 주권과 창조의 권능을 나타내는 이 중요한 두 개의 동사를 이스라엘의 창조에 연결시키고 있다. 이 것은 우주만물을 창조하신 하나님이 이스라엘 민족을 창조하신 분이기도 하다는 사실을 강조하는 것에 다름 아니다. 이 것은 결과적으로 이스라엘이 하나님께 대하여 아주 특별한 민족임을 강조하는 효과를 갖는다.

더 나아가서 이사야는 아브라함의 소명으로부터 가나안 정착에 이르기까지의 일련의 사건들, 그중에서도 특히 출애굽 사건(사 43:15-17)이 창조주 하나님께서 자기 백성 이스라엘을 창조하신 사건임을 강하게 암시한다. 또한 그는 이러한 신앙고백으로부터 더욱 놀라운 사실을 이야기한다. 하나님이 과거에 그들의 조상을 이집트에서 구원해내신 것과 같이 이제는 그들을 바벨론에서 구원해주실 것이라는 사실이 바로 그것이다.

그러나 이사야는 바벨론으로부터의 구원이 과거의 출애굽을 단순히 되풀이하는 것이 아닌 전혀 새로운 일이 될 것이라고 선포한다(New Exodus; 사 43:14-21; 48:6-7). 요컨대 만물을 창조하신 하나님은 이스라엘을 이집트에서 이끌어내신 하나님이면서 동시에 장차 그들을 바벨론으로부터 해방시킬 하나님이라는 얘기다. 이 점은 이스라엘을 창조하신 하나님이 이스라엘을 구속하셨고, 또 이스라엘을 불러 자신의 소유로 삼으셨다는 43:1의 메시지에 분명하게 드러나 있다. 특히 하나님이 아프리카 대륙을 팔아서라도 자기 백성 이스라엘을 구속하시겠다는 말씀이 그렇다: "내가 애굽을 너의 속량물로,

구스와 스바를 너를 대신하여 주었노라"(사 43:3).

그뿐이 아니다. 하나님은 자기 백성을 세상의 모든 위험과 환난으로부터 지켜주신다. 그는 자기 백성으로 하여금 물과 강과 불과 불꽃 등의 형태로 주어지는 온갖 삶의 위협들을 이기게 해주시며, 궁극적으로는 심판을 받아 사방에 흩어진 자기 백성을 원근 각처로부터 약속의 땅으로 돌아오게 하신다(사 43:2, 5-7). 그는 필요에 따라 자기 백성에게 다양한 시련과 환난을 주시고 또 때로는 그들의 죄악에 대한 심판과 형벌을 내리기도 하지만, 정해진 때가 되면 그 모든 어려움들을 제거하시고 그들에게 구속의 은총을 베푸실 것이다.

그 까닭에 이스라엘은 두려워할 필요가 없다. 그들을 창조하신 하나님은 그들을 구속하신 분이요, 그들을 자기 소유로 삼으신 분이기 때문이다. 이것은 하나님이 앞으로도 그들을 구속하실 분임을 암시한다. 사실 이스라엘이 두려워하지 않아도 되는 근거는 단순히 하나님이 과거에 그들을 구속하셨다는 사실에만 있지 않다. 그들을 자기 소유로 삼으신 하나님께서 과거에도 그들을 구속하셨지만, 앞으로도 그들을 구속하실 것이기에(사 43:2, 5-6) 두려워할 필요가 없는 것이다.

오늘의 우리도 마찬가지이다. 우주만물을 창조하신 하

나님은 우리 모두를 창조하신 분이요, 구속하신 분이다. 또한 그는 우리를 자신의 소유로 삼으신 분이기도 하다.

따라서 오늘의 신앙인들은 두려워할 필요가 없다. 어떠한 삶의 정황에 처해 있을지라도 두려움에 사로잡힐 필요가 없다. "너는 내 것이다!"라고 선언하시는 하나님이 우리 곁에 계시기 때문이다. 이스라엘이 비록 죄로 인하여 하나님의 심판을 받아 바벨론에서 포로생활을 하고 있지만, 합력하여 선을 이루시는(롬 8:28) 하나님이 함께하시므로 염려할 필요가 없는 것처럼 말이다.

2

믿음을 키우는 삶

◇◇◇◇◇◇◇◇◇◇◇◇◇◇◇◇◇◇◇◇◇◇◇◇◇◇◇◇◇◇◇◇◇◇◇◇◇◇◇

◇◇◇◇◇◇◇◇◇◇◇◇◇◇◇◇◇◇◇◇◇◇◇◇◇◇◇◇◇◇◇◇◇◇◇◇◇◇◇

무엇이든 가능한 믿음

현실적으로는 불가능한 것이 너무도 확실한 데도 하나님께서 함께하시니
절대 가능하다고 생각하는 태도야말로 예수님께서 요구하시는 믿음인 것이다.

예수님이 수난의 종으로 오셨음을 강조하는 마가복음은
예수님과 관련된 사건들, 특히 예수님께서 행하신 기적들을
중점적으로 취급하는 복음서이다. 그래서 마가복음은 복음
서 중에서 가장 짧기는 해도 가장 많은 기적 이야기들을 간직
하고 있다. 마가복음 9:14-29에 기록되어 있는 기적 이야기도
그중 하나에 속한다. 내용인즉 이러하다. 예수님께서 세 제
자들과 함께 변화산에 올라가신 후에 어떤 사람이 말 못하게
귀신 들린 자기 아들을 데리고 왔다. 그는 산 밑에 남아 있던
아홉 제자들에게 귀신 들린 자기 아들을 고쳐줄 것을 청했다.
그러나 그들은 그 아이에게서 귀신을 내쫓지 못했다. 이로 인
해 그 제자들은 서기관들과 논쟁을 벌이게 되고, 이 무렵에

변화산에서 내려오신 예수님 그 아이의 아버지에게서 자초지종을 전해 듣는다. 이에 예수님은 제자들의 믿음 없음을 책망하시고 그 아이를 고쳐주신다.

이 기적 이야기에서 우리가 주목하는 것은 예수님의 제자들이 믿음 없음으로 인하여 책망을 받고 있다는 점이다. 그리고 할 수만 있으면 자기 아들을 고쳐 달라고 간청하는 아버지 역시 그가 가진 약한 믿음을 지적받고 있다. 제자들에게 논쟁을 걸면서 귀신 들린 아이의 아버지에게 불신앙을 심는 서기관들도 예외는 아니다. 그렇다면 예수님께서 이처럼 지적하신 믿음 없음은 도대체 무엇을 뜻하는 것일까? 그것은 한마디로 말해서, 하나님과 함께 있는 자에게는 능치 못할 일이 없다고 생각하는 것이다. 아울러 그것은 없는 것 속에서 있는 것을 볼 수 있는 능력을 말한다. 불가능 속에서 하나님의 가능성을 발견하는 삶의 태도를 말한다.

성경에 나와 있는 인물들의 이야기는 사실 다 이와 관련되어 있다. 그중에서 가장 대표적인 경우를 한 가지만 든다면 여호수아와 갈렙의 신앙이 이에 해당할 것이다. 이들은 열 명의 정탐꾼들이 한결같이 가나안 정복이 현실적으로 불가능함을 역설함에도 불구하고 하나님이 자기들과 함께하시니

걱정할 필요가 없다고 주장하였다(민 14:6-9). 이들의 이러한 태도를 우리는 믿음이라고 부른다. 현실적으로는 불가능한 것이 너무도 확실한 데도(human impossibility) 하나님께서 함께 하시니 절대 가능하다(divine possibility)고 생각하는 태도야말로 예수님께서 요구하시는 믿음인 것이다.

여기에서 우리는 믿음이 부정적인 생각을 버리는 것과 깊은 관련을 가지고 있음을 알 수 있다. 믿음이 없는 사람은 늘 부정적인 생각에 사로잡혀 있다. 그 까닭에 그는 그 생각의 지배를 받아 모든 일에 소극적이게 되고 방어적이게 된다. 스스로의 생각에 갇혀 있는 것을 좋아하게 되고 남을 정죄하기를 좋아한다. 무엇이든 받아들이기를 싫어한다. 남의 의견에 귀를 기울이지 않는다. 자기 주장과 자기 고집이 강하다. 그러나 믿음을 가진 사람은 다르다. 그는 모든 일에 적극적이고 남의 이야기를 잘 들어주고 자기 생각에 갇혀 있기보다는 다른 사람들과 함께 모여 일하기를 즐겨 한다. 겸손하게 남의 이야기에 귀를 기울이며 화평과 질서를 도모한다.

그런가 하면 믿음 없는 사람은 구경꾼의 자리를 좋아한다. 그러나 믿음 있는 자는 참여자의 자리에 서는 것을 좋아한다. 예배 본다는 사람과 예배 드린다는 사람의 차이도 믿음이 있고 없고에 달려 있다. 믿음이 없는 자는 기도와 찬양과 말씀을 구경하지만 믿음 있는 자는 기도와 찬양과 말씀에 참여한다. 예수님께서 십자가에 매달렸을 때 십자가에 달리신 예수님을 손가락질하던 왼편 강도를 믿음 없는 구경꾼이라고 한다면, "당신의 나라가 임할 때 저를 기억해 주십시오"라고 부탁했던 오른편의 강도는 믿음을 가진 참여자라고 할 수 있다.

그리고 마지막으로 믿음을 가진 사람은 기도에 게으름이 없는 사람이다. 나중에 제자들이 예수님께 여쭈었다. "왜 우리는 귀신을 못 쫓았습니까?" 이 물음에 예수님은 기도 이외에는 다른 방도가 없다고 말씀하셨다. 기도하는 사람은 믿음의 사람이다. 하나님을 믿기 때문에 부지런히 기도한다. 반면에 기도가 부족한 사람은 믿음이 없는 사람이다. 믿음이 없기 때문에 하나님께 기도할 필요를 못 느낀다. 믿음의 기도가 있는 사람은 무엇이든 할 수 있는 사람이다. 바울처럼 "내게 능력 주시는 자 안에서 내가 모든 것을 할 수 있느니라"(빌 4:13)고 고백할 수 있는 것이다.

참된 성공의 의미

광야의 시간은 자신을 바라보는 시간이요,
동시에 오로지 하나님만을 의지하는 시간이다.

분열왕국 시대 초기에 북왕국 이스라엘에서 활동한 엘리야는 아합과 이세벨의 철권 통치 아래에서 활동한 예언자이다. 참으로 그가 활동하던 시대는 야웨 신앙이 바알 종교에 의해 압살을 당하던 때였다. 따라서 그의 예언 활동은 당연히 바알 종교에 맞서 야웨 신앙을 되살리는 데에 초점을 맞출 수밖에 없었다. 그의 첫 번째 예언 메시지가 이 점을 가장 잘 보여준다. 그는 비(또는 풍요)를 가져다주는 신이 바알이 아니라 야웨 하나님임을 선언하였고(왕상 17:1), 갈멜 산 대결에서의 승리를 통하여 야웨야말로 유일한 참 신임을 입증하였다(왕상 18:1, 30-46). 야웨 신앙의 승리는 자연스럽게 가뭄의 해제와 풍성한 비의 허락으로 이어진다.

그러나 불행하게도 갈멜 산에서의 승리는 곧바로 바알 종교의 붕괴로 이어지지 않는다. 바알 종교에 근거한 아합과 이세벨의 철권 통치는 여전히 계속된다. 북왕국 이스라엘이 머잖아 야웨 하나님을 중심으로 하는 신정(神政) 공동체로 거듭날 것이라는 엘리야의 기대는 산산조각이 난다. 갈멜 산 승리 이후의 상황에 대해서 보고하는 열왕기상 19장은 이처럼 승리를 거둔 후에 생겨난 상황의 반전을 담고 있다. 우리는 이 본문에서 하나님의 권능으로 충만한 17-18장의 엘리야 대신에 절망과 좌절에 빠진 엘리야를 만나게 된다.

갈멜 산에서 승리를 거둔 후 의기양양해 있던 엘리야가 왜 그토록 쉽게 절망과 좌절에 빠지게 된 것일까? 그 까닭은 아마도 엘리야가 하나님의 권능에 기초한 기적적인 승리에 너무 쉽게 도취되었기 때문일 것이다. 그는 외적인 승리에 대한 지나친 신뢰가 위험하다는 사실을 잠시 망각했던 것으로 보인다. 성공의 결과에 대한 신뢰와 기대감이 너무도 컸던 까닭에, 이세벨의 생명 위협에서 비롯된 상황의 반전은 그에게 큰 절망을 안겨다 주었을 것이다. 그가 아합과 이세벨의 공포 정치가 어느 정도인지를 알고 있었다면 갈멜 산에서의 승리에 그렇게 쉽게 도취되지 않았을 것이다. 하나님께서 원하시는 성공이 그가 기대하듯이 그렇게 순식간에 완성되는 것이 아님을 그는 망각하고 있었던 듯하다.

늘 듣는 얘기이지만, 성공에서 오는 지나친 흥분은 억제하는 것이 좋다. 한 번의 성공이 이루어진 다음에는 차분하게 또 다른 성공을 위한 목표를 세우는 것이 바람직할 것이다. 그러나 엘리야는 그렇게 하지 못했다. 바로 이 때문에 하나님은 갈멜 산의 승리에 도취되었을 엘리야를 꺾으신 것이 아니겠는가. 우리는 여기서 진정한 성공이란 우리가 생각하는 것처럼 그렇게 순식간에 이루어지지 않는다는 사실을 기억할 필요가 있다. 아울러 일시적인 성공에 절대 만족해서는 안 되며, 마지막 순간까지 최선을 다해 전진하는 삶이야말로 하나님께서 받으시는 것임을 기억해야 할 것이다. 예수 그리스도의 경우를 보면 이 점이 분명해진다. 그는 공생애 기간 동안에 무수한 성공을 거두셨지만, 한 번도 그러한 성공들에 도취되지 않으셨다. 도리어 그는 큰 성공을 거둘 때마다 조용히 사람들을 피하여 하나님께 기도함으로 자신을 다스리고자 했다(막 6:45-46).

열왕기상 19장 본문이 우리에게 주는 또 하나의 중요한 교훈은, 누구나 승리를 거둔 후에는 슬픔과 좌절의 시기를 경험한다는 점이다. 그리고 대부분의 사람들이 승리의 때가 아니라 좌절과 실망의 때에 깊고도 새로운 교훈을 배운다는 점도 마찬가지이다. 이세벨의 분노에 직면한 엘리야는 힘도 용기도 잃고 말았다. 기대에 대한 좌절, 자신의 사명이 실패했다는 느낌, 장기간의 굶주림, 오랜 여행으로 인한 신체적인 피로 등으로 지쳐 있었다. 그래서 그는 광야의 고적한 곳에서 자기의 생명을 하나님께 맡기고는 그분이 모든 것을 결정해 주기를 희망했다.

그러나 역설적이게도 그가 피신한 광야는 하나님의 도우심과 위로하심을 맛볼 수 있는 곳이었다. 그에게 있어서 광야는 하나님을 새롭게 만나는 곳이었다. 우리에게 있어서도 마찬가지이다. 광야의 시간은 자신을 바라보는 시간이요, 동시에 오로지 하나님만을 의지하는 시간이다. 이스라엘의 40년 광야 유랑이 그러하였으며, 예수의 40일 광야 금식(마 4:1-2)이 그러했다. 바울의 아라비아 광야 수행도 마찬가지이다 (갈 1:16-17).

광야는 하나님의 방법으로만이 살 수 있는 곳이다. 광야는 외롭고 쓸쓸한 곳이요, 사람이 없고 험한 가시밭이 있는 곳이다. 광야는 후회와 낙심으로 삶의 의욕을 상실한 곳이다.

그럼에도 불구하고 하나님은 부요하고 풍족한 곳에서보다는 모든 것이 부족한 결핍의 땅 광야에서 소명을 주셔서 새로운 삶을 허락하신다. 엘리야의 경우가 보여주듯이, 하나님의 도우심은 극단적인 절망의 상황 속에서 주어진다. 그리고 하나님의 도우심은 예기치 않은 수단들(까마귀, 사르밧 과부, 천사 등)에 의해 제공된다. 하나님의 도우심은 시련의 때를 이기게 해준다. 좌절에 빠진 엘리야가 그러했고 성경에 나오는 모든 신앙의 위인들이 그러했다. 오늘의 기독교인들에게도 이 점은 똑같이 적용될 것이다.

의에 주리고 목마르라

제대로 의로운 사람은 누구나 실천을 통하여 열매를 맺게 되어 있다.
그것은 마치 첫 단추가 제대로 끼워진 것과도 같다.

산상수훈의 네 번째 말씀, 곧 "의에 주리고 목마른 자에게 복이 있다"(마 5:6)는 말씀을 우리의 삶과 신앙을 일으켜 세우는 귀한 가르침으로 삼았으면 한다. 그 까닭은 오늘의 우리 사회에 하나님이 원하시는 참된 의가 너무도 많이 부족하다는 느낌이 들기 때문이다.

어떤 점에서 그러한가? 이를 위해서는 먼저 예수께서 산상수훈의 8복에서 말씀하신 "의"(義)라는 것이 구체적으로 무엇을 가리키는지 알아둘 필요가 있다. 그것은 무엇보다도 하나님을 믿는 사람들의 내적인 상태, 곧 마음의 상태가 어떠한지를 가리킨다. 한문으로 풀이하자면, 어린 양(羊)이신 주님을 내(我)가 짊어지는 것이다(義=羊+我). 그것은 또한 하나님이나 사람 앞에 구부러짐이 없이 똑바른 것을 뜻하기도 한다. 구원과 같은 개념일 수도 있다. 즉 구원받은 상태를 가리키는 것이다.

이 점에서 본다면, 인간은 어느 누구도 스스로의 힘으로 의로워질 수 없다. 하나님 보시기에 의인은 한 명도 없기 때문이다. 로마서 3:10-12이 이를 잘 가르쳐준다: "기록된 바 의인은 없나니 하나도 없으며, 깨닫는 자도 없고 하나님을 찾는 자도 없고, 다 치우쳐 함께 무익하게 되고 선을 행하는 자는 없나니 하나도 없도다." 예수께서는 "회개하라! 천국이 (죄인 된 우리에게) 가까이 왔다!"고 설교하셨다.

루터는 말한다: "마귀는 언제나 능동적인 의를 요구한다. 그러나 그리스도는 수동적인 의를 요구한다." 마귀는 우리 스스로가 자신의 힘으로 의를 이루도록 유혹한다. "네가 자신의 의를 이루어라. 네가 의를 성취하라"고 말한다. 바리새주의나 율법주의가 그렇다. 율법은 선한 것인 데도 말이다. 바벨탑주의도 마찬가지이다. 인간 자신의 노력과 선행과 공로로 의를 이루려는 태도는 하나님이 원하시는 게 아니다. 의는 본질적으로 하나님이 주시는 것이기 때문이다.

그러나 의의 개념이 이것으로만 끝나는 것은 아니다. 그것은 외적인 행동을 가리키기도 한다. 그것은 곧 하나님의 뜻이 세상에 가득 차게 만드는 적극적인 행동을 가리킨다. 생활 속에서 하나님의 뜻을 행하는 것도 의의 개념에 포함된다. 이를테면 하나님의 의를 실천하는 것이 그렇다. 물론 의를 실천하는 것이 우리 자신의 업적이나 공로가 되는 것은 결코 아니다. 도리어 그것은 자발적인 응답의 성격을 갖는다. 출애굽 해방(구원 은총)과 시내 산 언약(율법)의 관계가 이 점을 잘 보여준다(참조. 출 19:5-6).

산상수훈의 한 말씀도 같은 원리를 천명한다: "이같이 너희 빛이 사람 앞에 비치게 하여 그들로 너희 착한 행실을 보고 하늘에 계신 너희 아버지께 영광을 돌리게 하라(마 5:16). 의로운 사람은 하나님의 사랑과 성령의 감동에 의해 자율적으로 율법을 실천하게 된다. 결코 의무나 억지에 의해서가 아니다. 의의 실천은 의로운 상태의 자연적인 열매인 것이다. 제대로 의로운 사람은 누구나 실천을 통하여 열매를 맺게 되어 있다. 그것은 마치 첫 단추가 제대로 끼워진 것과도 같다.

그런데 흥미롭게도 "의에 주리고 목마르라"(마 5:6)는 말씀은 의를 육체적 욕구에 비유하고 있다. 먹고 마시는 것은 본능에 속한 것이다. 따라서 "의에 주리고 목마르라"는 것은 그것이 의식주처럼 절실한 문제임을 암시한다. 세상 어떤 것보다도 의가 중요한 것임을 암시한다. 돈, 명예, 권세, 행복, 출세, 성공 등보다 더 소중한 것이라는 얘기다. 그 까닭에 마태복음 6:33은 "너희는 먼저 그의 나라와 그의 의를 구하라!"고 말씀한다.

먹고 마시는 것은 일생동안 반복하는 것이다. 싫다고 중단해도 되는 것이 아니다. 저축할 수도 없는 것이다. 삼일 분 식사를 한꺼번에 했다고 해서 사흘 동안 식사하지 않고 버틸 수 있는 것처럼 말이다. 곰, 뱀, 개구리 등은 겨울잠을 잔다. 추운 겨울이 오기 전에 이미 몸에 겨울을 지낼 수 있는 영양분을 비축해두었기 때문에 겨울잠이 가능하다. 그러나 신앙생활은 그렇지 않다. 의도 마찬가지이다.

의는 한 번 의롭게 살았다고 해서 끝나는 것이 아니다. 계속 의로워야 한다. 평생 잘하다가 마지막에 잘못하면 불의한 자가 된다. 수십 년 동안 의롭게 정직하게 청렴하게 잘 살았다고 할지라도, 한순간에 실수를 하면 그 모든 것이 물거품이 되고 만다. 삶이라는 것은 근본적으로 저축할 수 있는 성격의 것이 아니기 때문이다. 그래서 예수님은 의에 주리고 목마르라고 말씀하신 것이다.

의에 주리고 목마르면 어떤 대가를 받게 되는가? 배부름을 얻을 것이다(마 5:6). 물론 의는 배부름을 얻기 전에 먼저 손해와 막대한 손실 및 희생 등을 지불할 것을 요청한다. 하나님은 의를 이루기 위해 독생자 예수를 희생하셨다. 우리도 마찬가지이다. 그러나 의로운 사람은 일시적으로는 손해 보는 것 같으나 궁극적으로는 하나님의 복과 은혜에 배부를 것이다. 의에 주리고 목마른 자는 초대 교회 성도들처럼 자족(自足)하는 신앙을 갖게 될 것이다(고후 6:9-10). "내게 능력 주시는 자 안에서 내가 모든 것을 할 수 있다"는 바울의 고백도 마찬가지이다(빌 4:13). 이런 고백이 하나님의 의에 굶주리고자 하는 여러분 모두에게 있기를 간절히 바란다.

불안 중에 주어지는 위로와 희망

하나님은 절대적인 신뢰의 태도를 우리의 의로 여기실 것이요,
모든 것이 합력하여 선을 이루는 놀라운 은총이 삶 속에 넘치게 하실 것이다.

아브라함은 인류를 구원코자 하는 하나님의 구원 계획
에 순종한 믿음의 사람이었다. 자신의 안전한 거주지인 하란
을 떠나 하나님께서 지시하신 가나안으로 옮겨간 것이다. 그
러나 그가 옮겨간 약속의 땅 가나안은 모든 것을 남김없이 갖
추고 있는 풍요의 땅이 아니었다. 그는 아직 자기 소유라 할
만한 땅을 전혀 갖지 못했을 뿐더러, 네게브 지방(남방)에 있
을 때에는 기근을 만나기도 했다. 이 기근으로 인해 잠시 애
굽으로 이주해야만 했고 거기서 뜻하지 않게 자기 아내 사라
를 애굽 왕 바로에게 넘겨주기도 했다. 그뿐만이 아니었다.
다시 가나안으로 돌아온 후에는 불충분한 생존 여건으로 인
해 조카 롯과 안 좋은 관계에 놓일 때도 있었다. 그런가 하면

엘람 족속 진영의 동맹군에 사로잡힌 조카 롯을 구출하기 위해 목숨을 내걸고 싸우는 일도 겪어야 했다.

아브라함이 하나님께 순종하여 간 가나안 땅은 이처럼 기근과 결핍과 싸움의 땅이었다. 그러나 하나님은 정처 없이 떠돌아다니는 아브라함을 계속해서 보호하여 주셨다. 애굽에서는 바로의 권세 앞에서 그를 지켜주셨으며, 자손의 약속이 이루어질 유일한 수단인 그의 아내 사라를 되돌려주기도 하셨다. 뿐만 아니라 아브라함이 조카 롯에게 좋은 땅을 양보했을 때에조차, 하나님은 그에게 자손과 땅의 약속이 반드시 이루어질 것임을 보증해주셨다. 또한 아브라함으로 하여금 포로로 잡힌 조카 롯을 구출할 수 있게 하셨고, 제사장 멜기세덱의 축복도 받게 하셨다.

그럼에도 불구하고 아브라함은 미래에 대한 불확실성 때문에 마음속으로 크게 불안해하였다. 이러한 불안감은 그가 약속의 땅에서 여전히 땅도, 자식도 없이 살고 있다는 현실에서 비롯된 것이었다. 그것은 마침내 알 수 없는 미래에 대한 두려움으로까지 발전하였다. 하나님의 약속을 전혀 믿지 못하는 것은 아니었지만 약속을 압도하는 어두운 현실이 그를 그렇게 만들었다. 그러나 약속을 주신 하나님은 불안과 두려움에 사로잡힌 아브라함을 그대로 내버려두지 않으셨다. 그에게 새로운 용기와 희망을 주고자 하셨다.

이를 위해 하나님께서는 밤중에 환상을 통하여 아브라함을 만나셨다. 그리고서 그에게 다음과 같은 위로의 말씀을 주셨다: "아브람아 두려워하지 말라. 나는 네 방패요 너의 지극히 큰 상급이니라"(창 15:1). 하나님의 이 말씀에 아브라함은 자신의 솔직한 심정을 있는 그대로 하나님께 토로하였다: "주 여호와여, 무엇을 내게 주시려 하나이까? 나는 자식이 없사오니 나의 상속자는 이 다메섹(Damascus) 사람 엘리에셀이니이다…주께서 내게 씨를 주지 아니하셨으니…"(15:2-3).

여기서 우리는 아브라함이 자식이 없다는 사실에 크게 낙심하고 있음을 알 수 있다. 많은 자손을 갖게 하겠다는 하나님의 약속을 굳게 믿고 천신만고 끝에 하나님께서 지시하신 땅으로 왔고 또 그 약속을 의지하여 이제까지 살아왔는데도, 여전히 그 약속은 이루어지지 않은 채로 있었고 앞으로도 이루어질 가능성이 도무지 보이지 않았기 때문이었다. 그는 이처럼 불안한 현실이 약속을 주고도 이루지 않으시는 하나님 때문이라고 생각했다.

그러나 하나님은 다메섹 사람 엘리에셀을 상속자로 삼

고자 하던 아브라함의 조급한 생각을 물리치셨다. 그는 아브라함의 몸에서 직접 나게 될 아들이 그의 상속자가 될 것임을 분명하게 밝히시면서(15:4), 그를 데리고 바깥으로 나가 그에게 셀 수 없이 많은 하늘의 별들을 보여주신 후에, 그의 몸에서 날 자손이 그처럼 많아질 것이라고 말씀하셨다(15:5). 불안과 두려움에 사로잡혀 있던 아브라함은 하나님의 이 말씀을 듣고 새로운 용기를 얻게 되었다.

뿐만 아니라 그는 자손의 약속을 보다 구체적으로 보여주신 하나님을 믿었다. 비록 지금의 자신이 자식 한 명 없는 처지에 놓여 있기는 하지만, 그래도 언젠가는 하늘의 별처럼 많은 자손을 갖게 될 것이라는 도무지 믿을 수 없는 하나님의 말씀을 믿기로 한 것이다. 하나님은 아브라함의 이 믿음을 그의 의(義)로 여기셨다(15:6). 바울 사도는 아브라함의 이 믿음과 또 그가 그 믿음으로부터 얻은 의를 기독교의 이신칭의(以信稱義; justification by faith) 교리를 설명하는 데 사용하였다(롬 4:1-25; 갈 3:6-9). 그러니까 하나님 앞에 의롭다 인정함을 받는 것은 율법의 행위에 의해서가 아니라 하나님의 약속에 대한 믿음에 의해서라는 것이다. 아브라함이 하나님께 의롭다 인정함을 받은 것은 그가 하나님의 약속을 믿었기 때문이라는 것이 바울 사도의 설명이었다.

오늘의 우리도 마찬가지이다. 자신을 둘러싸고 있는 온갖 어려운 상황들과 복잡한 현실로 인하여 아브라함처럼 절망하고 낙담할 때가 있다. 그럴 때마다 우리는 불안감에 사로잡혀 있던 아브라함을 직접 만나 위로하시고 이전보다 훨씬 구체적인 약속의 말씀을 주셨던 하나님의 섭리와 은총을 늘 마음에 두어야 한다. 어떠한 상황 속에서도 자신의 약속을 반드시 지키시는 하나님을 향한 절대적인 의존의 감정을 가지고서 그를 신뢰한다면, 하나님은 아브라함의 경우처럼 그러한 절대적인 신뢰의 태도를 우리의 의로 여기실 것이요, 모든 것이 합력하여 선을 이루는(롬 8:28) 놀라운 기적과 은총이 삶 속에 넘치게 하실 것이다.

흔들림이 없는 믿음

자신의 목숨까지도 위협할 수 있는 상황 속에서도 전혀 흔들리지 않음은,
한편으로는 하나님을 늘 모시고 사는 자신의 신앙 때문이요, 다른 한편으로는
항상 자신의 오른쪽에 계시는 하나님의 함께하심에 대한 확신 때문이다.

시편을 읽다보면 각 노래의 맨 처음에 작은 글씨로 표제
(title, transcription)가 기록되어 있는 것을 볼 수 있다. 이 표제는
일반적으로 그 표제가 있는 노래의 기원과 제의적 사용, 곧
의식적이고 음악적인 용례에 관한 정보를 제공하며 그 노래
의 유형과 용도 및 목적 등을 알려준다는 점에서 꼭 필요하고
또 유익한 것이라 할 수 있다.

시편에는 이러한 표제를 가진 노래가 116개이며, 이 중
에서 사람 이름을 표제로 가진 노래(named psalms)가 100개이
고, 사람 이름이 아닌 다른 것을 표제로 가진 노래(anonymous
psalms)는 16개이다. 그리고 표제를 전혀 가지고 있지 않은 노

래(unnamed psalms, orphan psalms)는 34개이다.

그런데 사람 이름이 아닌 표제들 중에 종종 사람들의 시선을 끄는 것이 하나 있다. 그것은 바로 '믹담'이라는 표제이다. 개역 개정판은 특정 히브리어 낱말의 뜻이 확실치 않을 경우 그 낱말을 소리 나는 대로 음역(音譯)하는 경우가 많은데, '믹담'도 예외가 아니다. 이 낱말은 그 뜻이 분명하지 않아선지 개역 개정판에서 그냥 '믹담'으로 음역되어 있다. 그러나 대부분의 학자들은 '믹담'을 "속죄의 노래" 또는 "고르고 고른 걸작품" 등으로 이해한다. 모두 여섯 개의 노래에서 사용되고 있다(시 16편; 56-60편).

'믹담'이 처음으로 나오는 노래는 시편 16편이다. 그 내용을 볼 때 "고르고 고른 걸작품"이라고도 할 수 있는 이 노래는 도입부의 간구와 고백(1-2절), 성도들과 이교도들의 차이(2-4a절), 하나님을 향한 확신과 신뢰의 고백(4b-11절) 등으로 구성되어 있다. 1절의 보호를 위한 간구("하나님이여, 나를 지켜주소서. 내가 주께 피하나이다")는 구원을 필요로 하는 현재의 특수한 위기 내지는 장차 있을 위기로부터 계속 보호해줄 것을 바라는 마음을 표현한 것이다.

그리고 이 노래 전체를 보면 하나님의 보호가 필요한 큰 위험이 하나 있는데, 그것은 곧 시인의 목전에 다가와 있는 죽음("스올"=죽음의 세계인 음부)의 위협이다(10절). 이런 위기의 상황 속에서도 시인은 자기를 구원하신 하나님께 대한 믿음을 고백하면서 오직 그만이 복의 근원임을 확신한다(2절). 아울러 그는 신앙생활을 같이 하는 사람들, 곧 "땅에 있는 성도들"과의 교제와 소통을 크게 즐거워한다(3절).

그러나 다른 신들에게 예물을 드리는 자들에게는 고통과 괴로움이 크게 임할 것이다. 시인은 그들과 자신의 신앙을 대비시키면서, 자기는 거짓된 신들의 제사("피의 전제")에 참여하지 않을 것이요, 그들처럼 자기 입술로 그 이름도 부르지 않을 것임을 다짐한다(4절). 하나님은 시인의 기업과 잔의 소득이시요, 그의 기업을 안전하게 지키시는 바(5절), 이는 이방 신들의 이름을 부르지 않은 정결한 입술만이 하나님이 주시는 복을 누릴 수 있음을 의미한다.

실제로 시인은 자신에게 분배된 땅이 아름답고 풍요로운 곳이라고 노래함으로써(6절), 자신이 하나님의 복으로 인하여 풍족하고 평안한 삶을 살았음을 고백한다. 그럼에도 불구하고 시인의 삶을 풍요롭고 행복하게 만든 것은 물질적인 것(기업과 땅)에만 있지 않다. 눈에 보이지 않는 하나님의 교훈과 가르침 역시 그의 삶을 행복하게 만든 근본 원인이라 할 수 있다. 그의 양심까지도 지배하고 있는 하나님의 말씀이야말로 진정한 행복의 이유인 것이다(7절).

그러면서 시인은 위기 중에서도 자신의 오른쪽에 계시면서 자기를 지켜주시는 하나님의 은총을 노래한다. 그가 자신의 목숨까지도 위협할 수 있는 상황 속에서도 전혀 흔들리지 않음은, 한편으로는 순전히 하나님을 늘 모시고 사는 자신의 신앙 때문이요, 다른 한편으로는 항상 자신의 오른쪽에 계시는 하나님의 함께하심에 대한 확신 때문이다(8절). 이러한 확신 때문에 그의 마음과 영은 기뻐하며 즐거워한다. 그의 육체도 확실한 쉼과 안전을 누릴 것이다(9절).

시인은 또한 하나님이 자신을 죽음에 이르게 하지 않을 것이요, 주의 거룩한 자들을 멸망시키지 않으실 것임을 확신하고 있기도 하다(10절). 주께서 보여주실 생명의 길, 그리고 시인이 누릴 충만한 기쁨과 영원한 즐거움(11절) 등은 그러한 확신의 열매라 할 것이다. 그래서인지 신약 시대의 베드로는 오순절 설교에서 8-11절을 예수 그리스도의 부활에 적용하고 있으며(행 2:25-28), 바울 역시 비시디아 안디옥에서 설교할 때 이 말씀을 예수 그리스도의 부활에 적용함으로써(행 13:35),

흥미롭게도 시인의 확신을 죽음 이후의 세계에까지 확장시키고 있다(행 13:35). 죽음의 위협 앞에서조차 흔들림이 없는 시인의 이처럼 견고한 믿음이 오늘의 우리 모두에게도 있었으면 하는 마음 간절하다.

◇◇◇

하나님이 우리를 기뻐하시면

광야의 부족과 결핍을 이기지 못하는 자는 약속의 땅에 들어갈 자격이 없다.
광야 유랑은 이스라엘을 낮추고 시험하기 위한 중요한 수단이었다.

◇◇◇

구약성서의 네 번째 책인 민수기는 이스라엘이 억압과
속박의 땅 이집트를 떠나 약속의 땅인 가나안으로 가는 과정,
곧 그들의 광야 유랑 생활에 대해서 기록하고 있는 책이다.
더 정확하게는 시내 광야를 떠나 모압 평지에 이르기까지의
여정에 대해서 기록하고 있는 책이다. 좀 더 구체적으로 말하
자면, 이스라엘의 광야 유랑은 출애굽 이후로 시내 광야에 이
르기까지의 여정(출 16-18장)과 시내 광야를 떠나 모압 평지에
이르기까지의 여정(민 10:11-36:13)을 포함한다.

민수기가 갖는 이러한 특성은 광야의 주제와 관련하여
우리에게 다음과 같은 몇 가지 교훈을 준다. 가장 먼저 생각
할 수 있는 것은 광야가, 이스라엘 백성 스스로가 인정한 바

와 같이, 모든 것이 불충분한 곳이라는 점이다. 파종할 곳도 없고, 무화과도, 포도도, 석류도, 마실 물도 없는 곳이다(민 20:5). 문자 그대로 황무지요, 사막이요, 부족과 결핍의 땅인 것이다. 먹을 것을 충분히 가지지 못했던 그들은 광야에서 아침, 저녁으로 하나님께서 주신 만나와 메추라기를 먹기는 했지만(출 16장; 민 11장), 40년 동안 똑같은 것을 먹고 지낸다는 것이 그렇게 쉬운 일은 아니었다. 그 오랜 세월 동안 점심을 제공했다는 말씀이 어디에도 없으니 더욱 그러했을 것이다.

마실 물 역시 항상 있는 것이 아니어서 목이 마를 때에만 어쩌다 한 번씩 바위에서 나오는 물을 마실 수 있을 뿐이었다. 광야는 또한 피곤에 지친 몸을 이끌고 다음 목적지를 향해 계속 옮겨 다녀야 하는 유랑의 땅이기도 했다. 이스라엘 백성은 결코 한곳에 오래 머무를 수 없었다. 그들은 주거용 천막과 각종 살림살이들을 짊어진 채로 40년 동안이나 계속해서 행군해야만 했던 것이다.

이러한 광야의 삶에서는 불평과 원망이 절로 나올 수밖에 없다. 실제로 이스라엘은 기회가 있을 때마다 모세와 아론에게 지긋지긋한 광야 생활에 대해서 불평하기를 마지않았다. 노골적으로 하나님께 반역하여 하나님 대신에 우상을 숭배하는 우를 범하기도 하였다. 시내 광야에서 금송아지를 만들어 섬긴 것(출 32장)이나 싯딤에서 바알 브올(Baal of Peor)을 섬긴 일(민 25장)이 그 점을 잘 보여준다. 뿐만 아니라 그들은 가는 곳에서마다 먹을 양식, 마실 물이 없다고 아우성이었다.

가데스 바네아에서 가나안을 정탐하고 돌아온 자들의 부정적인 보고(민 13:26-29, 31-33)나 그 보고에 접한 이스라엘 백성들의 불평(민 14:1-4)은 바로 이러한 시각에서 이해할 수 있다. 그들은 차라리 애굽에서 노예 생활을 했으면 했지, 부족과 결핍의 땅인 광야에서 죽기는 싫었고, 가나안 땅의 강하고 견고한 성읍들과 거인족과도 같은 그곳의 강한 원주민들(민 13:28, 31-33)에게 죽기는 더더욱 싫었던 것이다.

그 까닭에 자기들이 능히 그 땅 사람들과 싸워 이길 수 있다고 말한 갈렙의 보고(민 13:30)도 그들에게는 소용이 없었다. 하나님이 자기들을 기뻐하신다면 틀림없이 자기들을 젖과 꿀이 흐르는 그 땅으로 인도하여 들이시고 그 땅을 자기들에게 주실 것이니, 야웨 하나님을 거역하지 말고 자기들과 함께 하시는 하나님 앞에서 그 땅 백성을 두려워하지도 말 라는 여호수아와 갈렙의 말(민 14:6-9)도 그들에게는 아무런 의미가 없었다. 도리어 그들은 두 사람을 돌로 쳐서 죽이려고 했다.

바로 그때에 야웨 하나님의 영광이 회막에서 이스라엘 백성에게 나타나지(민 14:10) 않았다면 그 두 사람은 돌에 맞아 죽었을 것이다.

결국 가나안 땅을 선물로 주겠다는 하나님의 약속을 불신하고 그를 거역한 이스라엘 자손은 가나안 정탐의 40일에 해당하는 40년간을 광야에서 보내야 했으며, 여호수아와 갈렙을 제외한 20세 이상의 출애굽 세대는 약속의 땅을 밟지 못한 채로 모두 광야에서 죽음을 맛보아야 했다. 여호수아와 갈렙의 말(민 14:8)대로, 그들은 하나님이 기뻐하시는 자들이 되지 못한 탓에 하나님의 약속과 선물을 누리지 못하는 비운(悲運)을 맞이해야만 했던 것이다.

이처럼 광야가 시련과 고통의 자리요 사람들에게 불평과 원망을 불러일으키는 땅이기는 하지만, 그럼에도 불구하고 그곳은 하나님께서 약속하신 가나안 땅으로 들어가기 위해 이스라엘이 반드시 지나가야 하는 곳이었다. 광야의 부족과 결핍을 이기지 못하는 자는 약속의 땅에 들어갈 자격이 없다. 이스라엘의 광야 유랑은 사실 하나님께서 그들을 낮추고 그들을 시험하기 위해서 사용한 중요한 수단이었다(신 8:1-3).

그런데 불행하게도 이스라엘은 이러한 훈련과 연단의

과정을 성공적으로 마치지 못했다. 그들은 만족스러운 삶의 조건이 전혀 주어지지 못한 광야 유랑 생활을 통해서 하나님을 의지하는 삶의 태도를 배워야 마땅했으나 그렇게 하지 못했다. 광야에서의 삶이 그들 스스로의 힘으로는 지탱할 수 없는 것임을, 그러기에 전적으로 하나님의 보호와 인도 아래에서 살아야 한다는 것을 깨우쳐야만 했으나 그렇게 하지 못했던 것이다.

그러나 이스라엘이 그처럼 실패했음에도 불구하고 하나님은 그들의 실패를 용납하시고 구름기둥과 불기둥을 통해 그들과 늘 함께하셨고(민 9:15-16), 만나와 메추라기, 반석에서 나는 물 등을 통해 그들을 먹이시고 보살펴주셨으며, 마침내는 그들을 약속의 땅으로 인도하셨다. 비록 20세 이상의 출애굽 세대가 가나안 땅을 밟지 못하는 벌을 받기는 했지만, 나머지의 새로운 세대를 통해서 하나님의 약속은 그대로 이루어진 것이다. 하나님은 반역한 백성이라 할지라도 그들을 완전히 멸하시는 것이 아니라 훈련과 연단을 통해서 남은 자들에게 자신의 약속을 이루시는 분임이 여기서 잘 드러난다.

멋진 인생 멋진 마무리

자신의 일에 최선을 다하되, 다음 세대를 향해 야웨 하나님을 향한 굳은 믿음을
잃지 말 것을 확인하는 작업은 오늘의 우리에게도 똑같이 요구되는 일이다.

출애굽 공동체에 속한 사람들 중에서 20세 이상이었던
자들은 여호수아와 갈렙을 제외하고는 어느 누구도 약속의
땅 가나안으로 들어가지 못했다. 그들은 가나안 정탐꾼들의
부정적인 보고에 현혹되어 하나님의 약속을 무시하고 그가
지명하신 모세의 지도력을 인정하지 않은 까닭에, 40년에 걸
쳐 계속된 광야 유랑 생활 중에 모두 광야에서 죽음을 맞이하
지 않으면 안 되었던 것이다.

그러나 여호수아와 갈렙은 가나안 땅에 대하여 부정적
인 보고를 했던 열 명의 정탐꾼들과는 달리 하나님의 약속과
함께하심을 굳게 믿었기에, 광야 유랑 생활을 마친 후에도 약
속의 땅 가나안으로 들어갈 수 있었다. 이 둘 중에서도 특히

여호수아는 광야 유랑 생활 초기부터 모세를 열심히 섬겼을 뿐만 아니라, 광야 유랑 생활 중에도 충성스러운 하나님의 종으로 믿음을 잘 지킴으로써, 모세의 뒤를 이어 이스라엘 백성의 지도자가 되는 은혜를 입었다.

출애굽 공동체의 지도자가 되어 그들을 약속의 땅 가나안으로 인도하는 일이 결코 쉬운 일은 아니었지만, 여호수아는 오랜 기간에 걸쳐 가나안 땅을 정복하는 데 성공함으로써(수 1-12장), 자신에게 맡겨진 직무를 성실하게 잘 수행하는 모습을 보였다. 가나안 땅을 어느 정도 정복한 후에 그는 하나님의 명을 따라 정복한 땅을 각 지파와 가족에게 공평하게 분배하는 작업을 잘 마무리 짓기도 했다(수 13-21장).

가나안 땅의 정복과 분배를 이렇게 잘 마무리한 여호수아는 나이가 들어 더 이상 이스라엘 백성과 함께할 수 없음을 알고서, 그들을 세겜에 불러 모은 후 이른바 고별 설교를 통하여 그들의 믿음을 재확인하고자 했다. 이 고별 설교에서 그는 과거에 모세가 시내 산에서 출애굽 1세대와 함께 맺었던 언약을 가나안 정착 세대와 함께 새롭게 맺고자 하는 의식을 행하기도 했다. 흔히 말하는 시내 산 언약 갱신의 의식을 행한 것이다.

여호수아의 이러한 세겜 고별 설교와 시내 산 언약 갱신의 의식은 여호수아 24장에 잘 설명되어 있다. 이 본문은 크게 세 단락으로 나누어진다. 그 첫 번째 단락은 아브라함으로부터 그 무렵에 이르기까지 계속된 하나님의 구원 역사를 다루고 있으며(1-13절), 두 번째 단락은 언약 갱신의 의식을 다루고 있다(14-28절). 그리고 마지막 세 번째 단락은 여호수아와 엘르아살의 죽음 및 요셉의 장사(29-33절) 등을 다루고 있다.

먼저 데라와 아브라함의 이야기로부터 시작하여 가나안 정착에 이르기까지의 이스라엘 역사를 개관한(1-13절) 여호수아는, 언약 갱신의 의식을 다루는 두 번째 단락의 14-18절에서, 이스라엘 백성에게 야웨를 경외하면서 온전함과 진실함으로 그를 섬길 것이요, 조상들이 유프라테스 강 건너편의 메소포타미아 지역(2절)과 애굽 땅(겔 20:7; 23:3, 8)에서 섬기던 신들을 치워버리고 오직 야웨 하나님만을 섬길 것을 요구한다(14절).

아울러 그는 만일 그들이 야웨 하나님을 섬기고 싶지 않다면, 그들의 조상들이 메소포타미아 지역에서 섬기던 신들이나 가나안 땅의 아모리 족속이 섬기는 신들 중에서 그들이 섬길 자를 택하라고 말하면서, 자신과 자신의 집안은 모두 야웨 하나님만을 섬기겠다는 결심을 밝힌다(15절). 이에 이스라엘 백성은 야웨를 버리고 다른 신들을 섬기는 일이 없을 것임을 다짐하며, 출애굽 사건과 광야 유랑 및 가나안 정복 등의 사건들 속에서 숱한 기적들을 행하시고 자기들을 줄곧 지켜주신 자기들의 하나님 야웨만을 섬기겠다고 말한다(16-18절).

그러자 여호수아는 거룩하심과 질투하심을 본성으로 가지고 계시며 허물과 죄악을 결코 용서치 않으시는 하나님을 제대로 섬긴다는 것이 매우 어려운 일이라는 메시지와 함께, 만일에 그들이 야웨를 버리고 이방 신들을 섬기면 그가 그들을 멸망시키실 것이라는 경고의 메시지를 전한다(19-20절). 이스라엘 백성이 재차 야웨 하나님만을 섬기겠다고 다짐하는 것을 본 여호수아는, 그들이 자신에게 대하여 스스로 증인이 되었음을 상기시킨 후에, 그들 중에 있는 이방 신들을 치워버리고 야웨 하나님께 마음을 바칠 것을 요청한다(21-23절). 이스라엘 백성은 다시금 자기들이 야웨 하나님만을 섬길 것이요, 그의 목소리(말씀)를 청종하겠다고 말한다(24절).

이상의 대화를 통하여 이스라엘 백성의 확고한 신앙을 확인한 여호수아는, 세겜에서 백성과 더불어 언약을 맺고 그들이 지킬 율례와 법도를 제정하였으며, 그 모든 말씀을 하나님의 율법 책에 기록하고 큰 돌을 가져다가 야웨의 성소 곁에 있는 상수리나무 아래(창 12:6; 신 11:30; 삿 9:37)에 세운 다음, 그 돌이 야웨께서 그들에게 하신 말씀을 다 들은 증인이나 다름이 없다고 말한 후, 그들 모두를 제각기 기업으로 받은 땅으로 돌아가게 한다(25-28절).

머잖아 죽음을 맞이하게 될 여호수아가 이처럼 이스라엘 백성을 세겜에 불러 모은 다음에, 고별 설교와 시내 산 언약 갱신 의식을 통하여 그들의 믿음이 흔들리지 않도록 굳게 붙들어준 것은 참으로 훌륭한 인생 마무리가 아닐 수 없다.

오늘의 우리도 마찬가지이다. 자신에게 주어진 일에 끝까지 최선을 다하되, 거기서 끝나지 않고 그 다음 세대를 향하여 야웨 하나님을 향한 굳은 믿음을 잃지 말 것을 재삼 확인하는 작업은 오늘의 우리에게도 똑같이 요구되는 일이다. 마지막 순간까지 자신과 공동체를 굳게 지켜나가는 여호수아의 모습은 오늘의 우리가 가슴 깊이 받아들여야 할 소중한 신앙의 유산이 아닌가 싶다.

3

예배하는 삶

◇◇◇

◇◇◇

찬양과 말씀과 코이노니아

말씀을 들을 때마다 마음에 찔림을 받아야 한다.
말씀을 들을 때마다 마음에 감동이 있어야 한다.

정말 시간이 흐르는 물과도 같음을 실감한다. 그러나 세월이 빨리 흘러갈수록 차분한 마음으로 주님의 말씀을 굳게 붙들려는 삶의 자세가 중요하다. 그런 점에서 귀향 공동체의 총독 느헤미야의 활동 상황을 다루는 느헤미야서 8:1-12 본문을 주님께서 우리에게 주시는 귀한 말씀으로 삼을 필요가 있다. 그 까닭은 이 본문이야말로 오늘의 기독교인들이 지향해야 할 신앙생활의 목표를 아주 분명하게 설명해주고 있기 때문이다.

느헤미야 8장 이하의 말씀에 의하면, 총독 느헤미야는 백성들과 함께 예루살렘 성벽을 재건한 후에 대성회를 열었다. 그때는 바로 일곱째 달 초하루였다. 아마도 느헤미야는 초막절 절기에 맞추어 그동안 성벽 건축에 지친 백성들로 하여금 조용히 자신을 돌아보는 시간을 가지게 하고 싶었을 것이다. 우리가 주일마다 교회에 모여 하나님께 드리는 예배도 이와 같은 것이다. 주일 예배는 엿새 동안 세상에 지친 우리의 몸과 마음을 이끌고 주님 앞에 나아와서 조용하게 자신을 돌아보는 시간이기 때문이다.

느헤미야가 열었던 집회는 그 성격이 어떠했는가? 그 집회는 가장 먼저 하나님을 찬양하는 것으로 시작했다. 5-6절에 보면 학사 겸 제사장 에스라가 하나님의 율법책을 펼쳐 들자 백성들이 일시에 일어섰고, 에스라가 광대하신 하나님 여호와를 송축하자, 모든 백성이 손을 들고 "아멘! 아멘!"으로 응답하면서, 몸을 굽혀 얼굴을 땅에 대고 야웨 하나님께 경배하였다. 하나님의 말씀 앞에 선 그들은 완전한 굴복의 자세로 하나님을 찬미하고 그에게 경배를 드린 것이다.

여러분도 이들을 본받아 늘 하나님을 찬양하고 그의 이름을 높이는 데에 최선을 다하기 바란다. 1년 365일 내내 열심히, 뜨거운 가슴으로, 그리고 변함없이 진실한 마음으로 주님의 높으신 이름을 찬양하도록 하자. 무릎 꿇고 경배하는 마음으로, 자신을 온전히 하나님 앞에 굴복시키는 태도로 찬양하도록 하자. 하나님께서 틀림없이 여러분의 찬양을 기쁘게 받으실 것이다.

느헤미야의 대성회는 또한 하나님의 말씀이 있는 성회였다. 레위 사람들이 하나님의 율법책을 낭독하고 그 뜻을 해석하여 백성으로 그 낭독하는 것을 다 깨닫게 했더니 백성이 그 율법의 말씀을 듣고 다 울었다(8-9절). 성벽 건축에 지쳐 있었던 그들은 하나님의 말씀을 듣는 순간 자신들의 죄악과 부정함을 깨달은 것이다. 부끄럽기도 하고 마음이 아프기도 했을 것이다. 그래서 더욱 눈물이 솟구쳤을 것이다. 울지 않고서는 말씀을 들을 수가 없었을 것이다.

여러분도 마찬가지이기를 바란다. 하나님의 말씀에 "아멘!" 하는 태도가 우리 모두에게 필요하다. 말씀을 깨닫고 순종하는 태도가 필요하다. 말씀을 들을 때마다 마음에 찔림을 받아야 한다. 말씀을 들을 때마다 마음에 감동이 있어야 한다. 때로는 눈물도 흘리고 울기도 해야 한다. 가슴을 치고 통곡할 때도 있어야 한다. 하나님 앞에 나 자신이 얼마나 죄악스런 존재인가를 깨닫는다면 말씀 앞에서 울지 않을 수 없을 것이다.

마지막으로 느헤미야가 열었던 집회에는 기쁨과 즐거움

의 잔치가 있었다. '코이노니아'가 있었다는 애기다. 코이노니아는 문자 그대로 모든 것을 아낌없이 나누는 사귐과 교제를 뜻한다. 느헤미야는 말씀을 듣고 울던 백성들을 향해 "오늘은 너희 하나님 여호와의 성일(聖日)이니 슬퍼하지 말며 울지 말라"(9절)고 말했다. 이 말을 들은 백성들은 "곧 가서 먹고 마시며 나누어 주고 크게 즐거워"(12절)하였다. 그 까닭은 레위인들이 읽어 들린 말씀을 밝히 알게 되었고 그 결과 마음 속에 기쁨이 흘러 넘쳤기 때문이다(12절).

진리의 말씀을 듣고 깨달으면 기쁘고 즐거워해야 하는 것이 당연하지 않겠는가! "아침에 도를 들으면 저녁에 죽어도 좋다"던 공자의 말처럼 말이다. 느헤미야의 집회에 모인 백성들이 그러했다. 그들은 말씀을 통해 얻은 기쁨을 혼자 가지지 않았다. 그것을 모든 이웃들과 더불어 나누었다. 함께 즐거워하고 함께 기뻐한 것이다. 여러분도 마찬가지이다. 말씀을 듣고 나면 반드시 그 기쁨을 이웃과 함께 나누어야 한다. 뜨거운 마음으로 서로를 사랑해야 한다. 남을 섬기려는 열심에 사로 잡혀야 한다. 이웃과의 사이에 있는 두꺼운 불신과 어두움의 벽들을 깨뜨려버려야 한다. 자신의 얼굴에 덮여 있는 위선의 가면을 벗어버리고 벌거벗은 마음으로 서로를 마주할 수 있어야 한다.

그렇게 될 때 한국 교회는 섬김과 나눔을 기본으로 하는 하나님의 사랑으로 가득 차게 될 것이다. 그 사랑이 밑거름이 되어 튼튼한 코이노니아 공동체가 이루어질 것이다. 어디 그뿐이겠는가! 하나님의 교회가 예전처럼 날로 성장하고 발전해 가는 기적이 일어날 것이요, 그리스도의 아름다운 몸을 이루어 가면서 하나님께 큰 영광을 돌릴 수 있을 것이다. 찬양과 말씀과 코니노니아가 있는 교회와 성도들을 하나님께서는 결코 외면하지 않을 것이기 때문입니다. 능력과 승리의 주님께서 여러분과 늘 함께하셔서 여러분 모두에게 정말 멋있고 훌륭한 나날들이 이어지게 하시기를 간절히 기원한다.

주님의 기도

이상적인 기도 생활은 말씀에 기초해야 한다.
말씀의 지도를 받는 기도 생활이야말로 균형 잡힌 경건을 가능케 한다.

◇◇

　　기독교인의 삶을 규정짓는 낱말들 중에 '경건'이라는 것이 있다. 한편으로 보면 경건은 본질적으로 하나님을 향한 두려움과 사랑을 일컫지만, 다른 한편으로는 말씀을 실천하는 삶 또는 그리스도의 향기를 발하는 삶 내지는 사귐과 섬김의 생활을 일컫기도 한다. 전자를 수직적인 차원에서의 경건이라 한다면, 후자는 수평적인 차원에서의 경건이라 할 수 있다. 참된 경건은 이 두 가지 차원, 곧 수직과 수평의 조화에서 발견되며, 궁극적으로는 일상적인 삶을 통해서 완성된다.

　　이처럼 중요한 경건의 기초를 이루는 것에 두 가지가 있다. 말씀 묵상과 기도 생활이 바로 그렇다. 기독교인들은 말씀과 기도를 통해서 하나님을 만나고 이웃을 섬기는 삶을 살

수 있다. 여기서 우리가 분명히 알아야 할 것은 기도가 결코 경건 생활의 전부가 아니라는 사실이다. 기도는 어디까지나 경건 생활의 일부일 뿐이다. 기도만 많이 하면 된다는 사고방식은 위험하다. 기도를 통한 하나님과의 직통 계시를 주장하는 극단적인 신비주의의 위험이 있을 수 있기 때문이다.

이상적인 기도 생활은 말씀에 기초해야 한다. 말씀의 지도를 받는 기도 생활이야말로 균형 잡힌 경건을 가능케 한다. 이 점에서 오늘의 기독교인들은 말씀이 규정하는 기도의 올바른 태도를 올바로 공부할 필요가 있다. 그런데 누가 뭐래도 기독교인들이 배워야 할 올바른 기도의 모형은 주님께서 가르쳐주신 기도에서 찾는 게 가장 이치에 닿는 일일 것이다. 우리가 흔히 "주기도(문)"(the Lord's Prayer)로 알고 있는 것이 바로 그것이다.

주기도는 마태복음의 산상 설교에 나온다(마 6:9-13). 이 기도의 누가복음 평행 본문(눅 11:2-4)은 마태복음 본문보다 좀 더 간결한 형태로 되어 있다: "아버지여, 이름이 거룩히 여김을 받으시오며, 나라가 임하시오며, 우리에게 날마다 일용할 양식을 주시옵고, 우리가 우리에게 죄 지은 모든 사람을 용서하오니 우리 죄도 사하여 주시옵고, 우리를 시험에 들게 하지 마시옵소서."

예수께서는 다양한 주제를 다루는 마태복음의 산상 설교에서 올바른 기도를 가르치기 전에 먼저 자기 앞에 모인 많은 사람들에게 기도에 관한 일반적인 가르침을 전하시면서, 외식하는 자들처럼 사람들에게서 영광을 받기 위해 회당과 큰 거리 어귀에서 대놓고 기도하지 말고, 도리어 골방에 들어가 문을 닫고 은밀한 중에 계신 아버지께 기도할 것이요, 이방인들처럼 중언부언해서도 안 된다고 말씀하신다(마 6:5-8).

바로 이어서 그는 기도의 모델을 사람들에게 제시하신다. 그런데 흥미롭게도 누가복음의 평행 본문은 예수께서 제자들의 요청에 대한 답변으로 그들에게 기도의 모델을 가르치시는 것으로 묘사한다(눅 11:1). 마태복음의 산상수훈이 예수께서 자기 앞에 모인 많은 사람들에게 자연스럽게 주기도를 설교하시는 것으로 묘사하고 있는 것과는 다르게 말이다.

주기도의 서두인 "하늘에 계신 우리 아버지여"(9a절)는 기도의 대상인 하나님이 아버지처럼 가까이 계시면서 자비와 사랑을 베푸시는 분임과 동시에 하늘처럼 높은 차원에 계신 초월적인 분이심을 의미한다. 그리고 "우리"라는 표현은 기도하는 사람이 믿음의 기도를 통하여 다른 모든 신자들과 더불어 하나가 됨을 뜻한다. 그것은 신앙생활과 기도생활의 공동체성을 강조하는 표현이기도 하다.

간구(9b-13절)의 첫 번째 내용인 "이름이 거룩히 여김을 받으시오며"(9b절)에는 하나님의 이름과 동격인 하나님의 존재(Being)가 기도자를 포함하는 모든 신자들에 의하여 영화롭게 되기를 바라는 마음이 담겨 있다. 그리고 나라가 임하게 해달라는 것이나 그의 뜻이 하늘에서 이루어진 것처럼 땅에서도 이루어지게 해달라는 기도 내용(10절)은 하나님의 주권적인 통치가 개개인의 삶과 인간 세상 전반에 걸쳐서 하늘에서처럼 이루어지게 해달라는 간구에 해당하는 것이다.

여기까지가 하나님에 관한 간구(9b-10절)라고 한다면, 후반부의 나머지 내용(11-13a절)은 인간의 필요를 충족시키는 것과 관련되어 있다. 그 첫 번째인 신앙 공동체("우리")의 "일용할 양식"을 위한 간구(11절)는 인간의 삶이 전적으로 하나님의 도우심과 은혜에 의존하는 것임을 전제하고 있다. 그리고 "우리가 우리에게 죄 지은 자를 사하여 준 것 같이 우리 죄를 사하여 주옵시고"(12절)는 인간이 본질적으로 죄인 된 존재임을 고백하는 것으로, 죄의 용서를 위한 간구가 다른 사람의 행동을 용서해야만 하나님의 은혜로 말미암아 그 응답이 가능한 것임을 암시한다.

마지막 간구인 "우리를 시험(temptation)에 들게 하지 마옵시고 다만 악에서 구하시옵소서" 역시 죄의 유혹에 무방비 상태로 놓여 있는 인간의 연약함을 고백하는 것이나 다름이 없다. 사람이 시험을 받는 것은 자기 스스로가 욕심에 이끌려 미혹되기 때문이지, 하나님이 인간을 직접 시험하기 때문에 그런 것이 결코 아니다(약 1:13-14). 그리고 13절 하반절의 괄호 안에 있는 송영(doxology) 부분은 일부 권위 있는 사본들에 없는 것이긴 하지만, 마태복음의 주기도가 그것을 갖지 않은 누가복음의 주기도보다 예전적인 사용에 더 적합한 것임을 암시한다.

일어나 기도하라

세 번에 걸쳐서 반복되고 있는 겟세마네 동산의 기도는 그가 인류를 위한
대속의 십자가를 지기로 결심하고서 그 마음을 가다듬기 위해 드린 기도였다.

기도는 기독교인의 경건생활을 지탱하는 매우 중요한
요소들 중의 하나이다. 그 가장 실증적인 예를 우리는 예수
그리스도의 공생애 사역에서 확인할 수 있다. 우리가 잘 아는
바와 같이, 예수께서는 40일 동안 금식기도를 하심으로써 공
생애를 준비하셨고(마 4:2), 공생애 기간 동안에도 기도하기를
쉬지 않으셨다. 그는 항상 일정한 시간을 정하여 혼자서 기도
하실 때가 많았다.

실제로 공생애 초기에 에수께서는 새벽이 밝아오기도
전에 일어나 나가 한적한 곳(a lonely place)으로 가서 기도하셨
으며(막 1:35), 나병 들린 사람을 고치신 후에 수많은 사람들이
말씀도 듣고 자신의 질병도 고침을 받으려고 몰려오자, 역시

마찬가지로 예수께서는 한적한 곳으로 물러가서 기도하셨다 (눅 5:16). 때로는 산으로 가서 밤이 새도록 하나님께 기도하신 적도 있었다(spent the whole night in prayer to God, 눅 6:12).

그런가 하면 오병이어 사건 직후, 예수께서는 제자들을 갈릴리 바다 건너편 벳새다로 가게 하신 다음에, 혼자서 기도하러 산으로 가시기도 했다(마 14:23; 막 6:46). 베드로와 야고보와 요한 등 세 명의 제자들을 데리고 변화산에 오르셨을 때도 마찬가지이다. 마태복음 17:1-8과 마가복음 9:2-8은 기도에 대한 언급 없이 그냥 단순하게 예수께서 제자들과 함께 변화산에 오르셨다고만 말하지만, 누가복음 9장은 예수께서 제자들과 함께 기도하러 변화산에 가셨다가 모세와 엘리야를 만나 대화를 나누셨다고 말한다(눅 9:28). 기도가 변화산에 가신 주목적이었다는 사실을 밝힌 것이다.

누가복음은 또한 예수께서 제자들에게 주기도를 가르쳐주신 것이, 그가 어딘지를 알 수 없는 한 곳에서(in a certain place) 기도하기를 마치신 후에 있었던 일이라고 말한다(눅 11:1). 기도를 충분히 하신 후에 제자들에게 주기도를 가르쳐주셨다는 얘기다. 그러나 뭐니 뭐니 해도 예수께서 기도로 자신의 공생애 사역을 이끌어가셨음을 가장 잘 보여주는 증거는 십자가의 죽음을 목전에 마지막 기도에서 발견된다. 마태복음 26:36-46과 마가복음 14:32-42, 그리고 누가복음 22:39-46 등에 기록되어 있는 겟세마네 기도 장면이 그렇다.

그중에서도 특히 누가복음 22장은 "예수께서 나가사 습관을 따라 감람산에 가시매 제자들도 따라갔더니"(39절)라고 말함으로써, 예수께서 제자들과 함께 감람산에 가서 기도하시는 습관을 가지고 있었음을 암시하는 것으로 보인다. 반면에 마태복음 26장과 마가복음 14장은 "습관을 따라"라는 표현 대신에 단순히 예수께서 베드로와 야고보와 야곱, 세 명의 제자들만 데리고서 겟세마네 동산으로 기도하러 가셨다고 말할 뿐이다(마 26:37; 막 14:33).

물론 겟세마네 동산의 기도는 이제까지 예수께서 공생애 기간 동안에 보이셨던 기도의 모습과 근본적으로 다른 것이었다. 왜냐하면 세 번에 걸쳐서 반복되고 있는 겟세마네 동산의 기도는 그가 인류를 위한 대속의 십자가를 지기로 결심하고 그 마음을 가다듬기 위해 드린 기도였기 때문이다. 히브리서는 이 기도가 얼마나 간절한 것이었는지 다음과 같이 묘사하고 있다: "그는 육체에 계실 때에 자기를 죽음에서 능히 구원하실 이에게 심한 통곡과 눈물로 간구와 소원을 올렸고,

그의 경건하심으로 말미암아 들으심을 얻었느니라"(히 5:7).

그는 겟세마네 동산에 함께 기도하러 온 세 명의 제자들에게 유혹에 빠지지 않기 위해서라도, 즉 그들에게 곧 닥칠 큰 시련 앞에서 도망하거나 넘어지지 않기 위해서라도, 기도로 하나님과 끊임없이 교통할 것을 당부하시고서는, 돌 던질 만큼 가서 무릎을 꿇은 채로 기도하시면서, 만일 아버지의 뜻이라면 고난의 잔을 옮기시되 자신의 원대로 마시옵고 아버지의 원대로 되게 해달라고 간구하셨다(마 26:37-39; 막 14:32-36; 눅 22:40-42).

첫 번째 기도를 드린 후 제자들에게 왔다가 그들이 자는 것을 보신 예수께서는 베드로에게 "시험에 들지 않게 깨어 있어 기도하라. 마음에는 원이로되 육신이 약하도다"로 탄식하시고서는 두 번째로 똑같은 기도를 하나님께 드렸다(마 26:40-42; 막 14:37-38). 두 번째 기도 후에도 제자들이 자는 모습을 보신 예수께서는 별다른 말씀을 하지 않으시고 곧바로 세 번째 기도를 드리셨고, 그 후에 제자들을 잠에서 깨우시고서는 자신을 파는 자가 가까이 왔으니 일어나서 함께 가자고 말씀하신다(마 26:43-46; 막 14:41-42).

그런데 흥미롭게도 누가복음 22장의 설명에 의하면, 하나님은 이처럼 고뇌에 찬 예수 그리스도의 결단을 돕고 죽음을 동반하는 그의 구속 사역이 완성될 수 있도록 돕기 위하여 천사를 보내어 힘을 실어주셨다(눅 22:43). 천사를 보내어 돕지 않으면 안 될 정도로 그의 감람산 기도는 간절하고 고통스러운 것이었다. 땀이 땅에 떨어지는 핏방울 같이 되었다는 설명이 이를 뒷받침한다(눅 22:44).

오늘의 그리스도인들은 예수 그리스도의 이러한 기도 사역을 모델로 하여, 정기적으로 시간을 정해 놓고 기도할 필요가 있으며, 때로는 중요한 일이 있을 때마다 새벽에 일찍 일어나 기도하거나 밤이 새도록 기도할 수도 있어야 한다. 아울러 피땀 흘릴 정도의 간절한 기도와 그 후의 십자가 고난이 있었기에, 오늘의 우리가 그 은혜로 말미암아 구속함과 죄 사함을 얻었다는 놀라운 사실을 늘 감사하면서 기도 생활에 최선을 다해야 할 것이다.

기도는 이렇게 하라

중보자이신 예수 그리스도를 중심으로 기도생활과 사도직 수행에 조금도
부족함이 없던 바울의 이러한 삶은 우리에게 귀한 신앙의 모델이 아닐 수 없다.

바울 사도의 편지들 중에서 기도에 관한 가르침으로 유
명한 곳은 디모데전서 2:1-7이다. 이 본문은 크게 네 부분으
로 나누어진다. 기도 명령(1-2절)과 기도의 목적(3-4절), 기도의
근거가 되시고 중보자가 되시는 예수 그리스도의 속죄 사역
(5-6절), 바울의 이방인 사도직(7절) 등이 그렇다. 이 네 가지의
가르침들은 "기도"라는 주제를 중심으로 서로 긴밀하게 연
결되어 있다.

바울이 이 본문에서 무엇보다도 강조하는 것은 성도들
의 기도생활이다. 그는 기도의 대상을 크게 둘로 나누어 설명
한다(1-2절). 그 하나는 바울의 선교 대상인 이방인들을 포함
하는 "모든 사람"이고(1절), 다른 하나는 로마 황제들이나 이

방 통치자들을 비롯한 세상의 모든 "임금들"과 "높은 지위에 있는 모든 사람," 곧 임금들을 섬기는 고위 관리들이다(2절).

그런데 바울은 흥미롭게도 1절에서 성도들이 마땅히 해야 할 기도에 관하여 간구(petition)와 기도(prayer)와 도고 (intercession, 중보기도)와 감사(thanksgiving) 등의 네 가지 표현을 사용하고 있다. 그가 이처럼 네 가지 기도의 유형에 관하여 말하고 있다는 것은 완전하고도 충분한 기도가 이루어져야 함을 강조하는 것에 다름 아니다.

그리고 성도들이 (이방인) 지도자들을 위해서 기도해야 하는 이유는, 하나님이 때때로 그들을 자신의 역사적인 행동을 위하여 도구로 사용하시기 때문이다. 가장 가까운 예로 바사(페르시아)의 고레스 왕과 바벨론의 느부갓네살 왕을 들 수 있다. 놀랍게도 고레스는 하나님의 목자로("내 목자"; 사 44:28), 그리고 하나님의 기름부음 받은 자인 "메시아"(his anointed)로 불리며(사 45:10), 느부갓네살은 "내 종"(my servant, 렘 25:9)으로 불린다. 고레스가 하나님의 백성을 구원할 자로 쓰이는 인물이라면, 느부갓네살은 그의 백성을 심판할 자로 선택된 자라고 할 수 있기 때문이다.

성도들이 (이방인) 지도자들을 위해서 기도해야 할 또 다른 이유는 2절에 잘 설명되어 있다. 그들은 교회와 성도들이 주변의 적대적인 사람들로부터 받을 수도 있는 온갖 압력을 완화시킴으로써 성도들의 신앙생활을 도와줄 수도 있는 사람들이다. 하나님의 섭리와 계획 속에서 말이다. 요셉을 가정 총무로 삼은 보디발이나 그를 이집트 왕국의 총리로 발탁하고 나중에는 야곱을 포함한 그의 가족 전부를 고센 지방에 정착할 수 있도록 도와준 바로(Pharaoh) 왕이 그러한 사람들에 해당할 것이다.

바울은 이렇듯이 (이방인) 지도자들로 인하여 얻을 수 있는 유익을 "모든 경건과 단정함"으로, 그리고 "고요하고 평안한 생활"로 규정한다. 이 점에서 본다면, 모든 사람들과 (이방인) 지도자들을 위한 기도는 전적으로 하나님의 뜻에 부합되는 것이라 할 수 있다. 바울은 이를 두 가지로 설명한다. 첫째로 구약의 예배 전통에 비추어볼 때 그것은 희생제사처럼 하나님 앞에 "선하고 받으실 만한" 것이다. 그리고 둘째로 하나님은 성도들의 기도를 통하여 모든 사람이 구원 받고 진리를 아는 데에 이르기를 원하신다(3-4절). 특히 바울의 선교 대상인 이방인들이 그렇다.

바울은 하나님의 보편적인 구원 의지를 뒷받침하기 위

해 두 가지의 신학적인 근거를 제시한다. 첫째로 여러 신들을 섬기는 이방인들의 다신교에서와는 달리 하나님은 본래부터 한 분이시다(신 6:4). 그러기에 이방인들을 포함한 모든 사람들은 마땅히 한 분이신 하나님께 나아가야 한다. 그는 참으로 이방인들의 하나님도 되시기 때문이다(롬 3:29-30). 둘째로 하나님과 사람 사이의 중보자도 "사람이신" 예수 그리스도 한 분이시다(5절). 이는 그가 사람으로 성육신하여 죽음과 부활을 통하여 구원을 이루신 분임을 의미한다.

6절에 의하면, 예수 그리스도의 중보직은 그가 자신을 모든 사람의 대속물로 주셨다는 데 있다(참조. 막 10:45). "주셨다"는 것은 그의 죽음이 자기희생을 목표로 하는 자발적인 행동이었음을 의미한다. 그리고 "기약이 이르러 주신 증거"라는 표현은 하나님이 정하신 가장 적절한 때, 곧 하나님의 시간('카이로스')에 주어진 증거임을 뜻한다. 이는 바울의 이방인 선교가 하나님의 시간표에 의하여 결정된 것임을 암시한다.

바울은 논쟁적인 성격을 갖는 이 본문의 마지막 구절(7절)에서 자신의 이방인 사도직이 하나님의 선택에 의하여 이루어진 것임을 강조한다. "세움을 입었다"는 표현이 이를 잘 보여준다. 그는 자신의 세 가지 직책에 대해서 언급한다. 전파하는 자(herald, preacher)와 사도(apostle)와 이방인의 스승(teacher) 등이 그렇다. 바울은 특히 자신의 사도직에 대해 설명하면서 그것이 참말이요 거짓말이 아님을 강조한다. 그의 이방인 사도직을 비난하는 자들을 염두에 둔 표현이 아닐 수 없다. 바울은 자신의 말마따나 "믿음과 진리 안에서" 신실하고 진실하게 이방인 사도직을 수행했던 사람이었던 것이다. 중보자이신 예수 그리스도를 중심으로 기도생활과 사도직 수행에 조금도 부족함이 없었던 바울의 이러한 삶은 우리 모두에게 참으로 귀한 신앙의 모델이 아닐 수 없다.

느헤미야의 기도

동족의 죄를 고백함과 아울러 하나님의 구원을 호소하는 그의 간절한 마음은
오늘의 우리에게도 똑같이 요구되는 것이라 할 수 있다.

"야웨께서 위로하신다"는 뜻의 이름을 가진 느헤미야는
하가랴(Hacaliah)의 아들로서, 페르시아 제국의 아닥사스다 왕,
곧 아르타크세스크세스 1세(Artaxerxes I, 주전 465-424년)의 재위
20년째 되던 해인 주전 445년에 유다 땅 총독으로 임명받아
12년 동안 유다 땅을 다스렸던 사람이다: "또한 유다 땅 총독
으로 세움을 받은 때 곧 아닥사스다 왕 제20년부터 제32년까
지 12년 동안…"(느 5:14).

아닥사스다 왕이 느헤미야를 총독으로 임명한 것은 페
르시아 왕실의 전략에서 비롯된 것이라 할 수 있다. 그는 이
집트를 평정하기 위해 팔레스타인 지역이 잠잠하기를 원했
을 것이다. 당시에 팔레스타인은 이집트와의 통상로에 있으

면서 전쟁 시에는 군사기지 또는 후방 보급소로 사용할 수 있었기 때문이다. 또한 페르시아 왕실에 대한 이스라엘의 불만을 해소시키려는 정치적인 목적도 느헤미야의 총독 임명의 한 원인으로 작용하였을 것이다.

느헤미야서는 이처럼 페르시아 제국으로부터 총독의 자격으로 예루살렘에 파견된 느헤미야의 성벽 재건 활동을 1-6장에서 중점적으로 다루고 있으며, 바로 이어서 에스라가 주도한 개혁 활동(8-10장)에 대해서 언급한다. 그리고 후반부의 11-12장에서는 예루살렘 거주민과 제사장들 및 레위인들 등의 명단을 소개함과 아울러(11:1-12:26) 예루살렘 성벽 봉헌식에 관해서 설명하며(12:27-47), 느헤미야의 각종 개혁 활동(13장)에 대해서 언급함으로써 끝을 맺는다.

느헤미야서의 이러한 구성은 이 책이 에스라와 느헤미야를 이상적인 지도자의 모형으로 제시함과 동시에, 예루살렘 성벽 재건이 결국에는 야웨 신앙의 회복과 이스라엘의 정체성 회복을 위한 중요한 사건임을 은연중에 강조하고 있다. 다른 한편으로, 느헤미야서의 바로 앞에 있는 에스라서를 읽어보면 에스라와 느헤미야 사이의 차이가 분명하게 드러나기도 한다. 에스라가 주로 유다 종교의 회복을 다루는 반면에, 느헤미야는 유다의 정치와 영토의 회복을 다루고 있기 때문이다.

에스라는 제사장이요 학사인데 반하여 느헤미야는 정치가이며 관리였기 때문에 이처럼 역할의 차이가 나타나는 것이다. 따라서 에스라가 종교개혁에 주력한 반면에 느헤미야는 주로 정치 개혁에 주력했다고 볼 수 있다. 그러나 다른 한편으로 성벽 개축이 페르시아 왕에게 오해를 사기 쉬운 일임을 고려한다면, 느헤미야는 에스라보다 더 어려운 사업에 성공했다 할 수 있다. 느헤미야가 예루살렘 성벽을 재건한 것은 예루살렘이 유다의 정치적 중심지였기 때문이다. 또한 느헤미야는 유다 총독으로서 몇 차례의 개혁활동을 통해서 민간생활의 질서를 확고히 세우기도 했다.

이처럼 정치인으로서 느헤미야가 갖고 있는 확고한 믿음이 가장 잘 드러나고 있는 곳은 아무래도 느헤미야서를 열어가고 있는 1장 본문이 아닌가 싶다. 이 본문은 느헤미야가 자신의 책을 하나님을 향한 기도문으로 시작하고 있음을 분명하게 보여 준다. 이 본문의 1절에서 느헤미야는 당시의 시간적이고 공간적인 배경을 제각기 아닥사스다 왕 제20년 기슬르(Chislev) 월(바벨론력으로는 9월, 유대 민력으로는 3월)과 페르시아의 수산(Susa) 궁으로 언급한다.

수산 궁에서 왕의 술 관원으로 봉직하고 있던(11절) 느헤미야는 형제들 중의 한 사람인 하나니(Hanani)와 두어 명의 유다 사람들을 만나 사로잡힘을 면하고서 남아 있는 유다와 예루살렘 사람들의 형편을 물었다(2절). 그들이 느헤미야를 방문한 것은 아마도 그곳 사람들의 불안정하고 힘겨운 삶에 대해서 보고함으로써 페르시아 왕실의 유력자인 느헤미야에게서 모종의 도움을 받고 싶어서였을 것이다.

유다와 예루살렘 사람들이 큰 환난을 당하고 능욕을 받으며, 예루살렘 성은 허물어지고 성문들은 불탔다는 하나니 일행의 보고(3절)를 접한 느헤미야는 앉아 울면서 며칠 동안 슬퍼하며 하늘의 하나님 앞에 금식하며 기도했다(4절). 느헤미야의 이러한 행동은, 동족의 곤궁한 상황에 대해서 물었던 것(2절)에서 확인할 수 있듯이, 그가 유다 지역에 남아 있는 동족들에게 얼마나 큰 관심을 기울이고 있는지를 분명하게 보여 준다. 바벨론의 느부갓네살에게 멸망당한 이후로 예루살렘이 거의 140년 동안이나 아무런 방어 체계도 갖지 못한 성읍으로 버려져 있어서, 언제든지 대적의 공격을 받을 수 있는 취약한 상태에 놓여 있다는 것이 그에게는 참을 수 없는 고통으로 다가왔을 것이다.

5-11절에 이어지는 느헤미야의 기도문은 일종의 공동체 탄원시에 해당하는 것으로, 하나님을 향한 호소(5절)와 죄의 고백(6-7절) 및 자기 백성을 구원해달라는 중보의 기도(8-10절)와 성공 기원(11절) 등의 구조로 이루어져 있다. 무엇보다 그는 자신과 자기 아버지 집의 죄를 고백함과 아울러 하나님의 큰 권능과 강한 손에 힘입어 압제의 땅 이집트로부터 해방된(10절; 출 32:11) 동족, "우리 이스라엘 자손"의 죄를 대신하여 고백함으로(6절) 자신과 동족을 동일시하며, 이스라엘의 죄를 모세 시대에 시작된 계약 관계의 위반에서 찾는다(5, 8절).

따라서 동족의 구원을 위한 간구도 계약 규정의 준수와 그로 인한 하나님의 복으로 구체화될 수밖에 없다(9절). 마지막으로 그는 자신과 형제들의 중보 기도가 아닥사스다 왕인 "이 사람"(this man; 개역 개정판은 단수 형태인 히브리어 표현 '하이쉬 핫제'를 "이 사람들"로 오역함) 앞에서 형통함을 입게 해달라고 간구함으로써(11절) 강한 탄원의 기도를 마무리한다.

이처럼 자신의 총독직 수행을 위해 가장 먼저 하나님의 도우심을 바라는 느헤미야의 기도문은 지금 우리 시대의 신앙생활이 무엇에 초점을 맞추어야 하는지를 분명하게 보여준다. 요컨대 동족의 죄를 고백함과 아울러 하나님의 구원을 호소하는 그의 간절한 마음은 오늘의 우리에게도 똑같이 요구되는 것이라 할 수 있다. 사회적 신뢰도의 상실로 인하여 이전의 성장세를 멈추고서 하향길에 접어든 지 오랜 한국교회의 미래는 느헤미야가 드렸던 기도의 회복에 달려 있다고 해도 틀리지 않을 것이다. 느헤미야의 기도, 이것이 오늘의 우리에게 필요한 것이다.

4

구별되는 삶

◇◇◇

◇◇◇

지혜로운 사람의 언어생활

지혜로운 사람의 진실한 입술은 잠깐 동안만 위세를 부리다가
금방 그 실상이 드러나는 거짓된 혀와는 달리 영원히 보존될 것이다.

그리스도인의 언어생활에 대해 가장 많은 교훈을 주고
있는 책은 잠언이다. 잠언이 소개하고 있는 무수한 지혜의 가
르침들 중에서 언어생활에 관한 교훈은 상당한 비중을 차지
한다. 그만큼 언어생활이 인간의 삶에서 중요한 의미를 갖기
때문이다. 이 점은 인간의 삶과 관련된 매우 다양한 주제들을
다루는 지혜의 가르침들을, 완전하지는 않지만, 다음과 같이
잠언 구절에 따라 간략하게 정리해보면 금방 알 수 있다:

부모 공경　　　1:7-8; 15:20; 19:26; 20:20; 23:22, 25;
　　　　　　　　　28:24; 30:17

자녀 교육	13:24; 19:18; 22:6, 15; 23:13-14; 29:15-17
음녀(淫女) **경계**	2:16-19; 5:3, 15-20; 6:20-7:27; 22:14; 23:27; 29:3
현숙한 여인	31:10-31
부지런함	6:6; 12:24, 27; 20:4; 26:13-15
겸손	15:33; 16:18; 22:4
언어생활	10:19, 31-32; 11:13; 12:13-14, 17-19, 22, 25; 13:2-3; 14:3; 15:1-2, 4, 7, 23, 26, 28; 16:21, 23-24, 28; 17:9, 27-28; 18:4, 6-8, 20-21; 20:19; 21:23; 25:15
거짓 증인	6:19; 12:17; 14:5, 25
뇌물	15:27; 17:8, 23; 18:16; 19:6; 21:14
금주(禁酒)	23:30-35; 31:4-5
사회 정의	10:2; 11:25-27; 12:28; 14:31; 17:15, 23;

	18:5; 20:10, 17; 28:15-17, 27; 29:10
보증서는 일	6:1-5; 11:15; 17:18; 20:16; 22:26-27; 27:13
분노 억제	12:16; 15:18; 16:32
너그러움	10:12; 24:29

위에 언급된 잠언의 언어생활 가르침에 의하면, 사람은 입에서 나오는 열매로 인하여 배가 부르게 되고 만족함을 느끼기 때문에, 죽고 사는 것이 혀의 힘에 달려 있다고 해도 틀린 말이 아니다(18:20-21; 참조. 마 12:36-37; 약 3:2-12). 물론 궁극적으로는 예수님 말씀처럼 혀에서 나오는 모든 말이 인간의 마음에서 나오는 것이기에(마 15:18), 마음을 잘 다스리고 관리하는 것이야말로 가장 중요한 일이기는 하지만 말이다. 어쨌든 겉으로 드러나는 현실을 두고 본다면, 혀와 입에서 나오는 말처럼 중요한 것도 없다.

그렇다면 지혜로운 사람은 어떠한 말의 열매를 맺는가? 그는 항상 진리를 말하고 참된 지식을 전하기 때문에(잠 12:17; 13:16; 15:2, 7; 16:21, 23), 입의 열매를 통해서 생명을 포함한 모든 좋은 것들을 넉넉하게 받는다(12:14; 13:2-3). 그는 또한 마음이 신실한 까닭에 남의 이야기를 함부로 하지 않고서 자기 나름의 절제력을 발휘하여 침묵을 지키며(11:13; 12:23; 17:27-28), 필요할 때에는 반드시 깊이 생각한 후에 자신의 의견을 이야기한다(15:28). 참으로 그는 자신을 지키고 보전할 줄 아는 사람이다(14:3).

그런가 하면 지혜로운 사람은 양약과도 같고(12:18; 16:24) 깊은 물이나 세차게 흐르는 강과도 같은(18:4) 지혜로운 말로써 사람들의 마음을 즐겁게 하고(12:25; 15:23), 또 생명나무가 되어 그들을 구원에 이르게 하기도 한다(12:6; 15:4). 지혜로운 사람의 진실한 입술은 잠깐 동안만 위세를 부리다가 금방 그 실상이 드러나는 거짓된 혀와는 달리 영원히 보존될 것이다(12:19).

그러나 미련한 사람은 그렇지 않다. 그의 마음속에는 다른 사람을 위한 사랑이 전혀 없는 까닭에, 그는 남의 허물을 덮어주기 보다는 그것을 거듭 말하며(17:9; 18:8), 두루 다니며 한담하면서 남의 비밀을 함부로 누설한다(11:13; 20:19). 그는 또한 깊이 생각하지 않고 자기 성질대로 칼로 찌르듯이(함부로) 말함으로써(12:16), 그 미련함을 드러낼 뿐만 아니라(12:23;

13:16; 15:2), 때로는 어리석고 과격한 말로 다른 사람들의 분노를 유발시키거나 남의 마음을 상하게 하기도 한다(15:1, 4).

또한 미련한 사람은 거짓 증인이 되어 거짓말을 뱉는 것에 대해서도 전혀 양심의 가책을 느끼지 않는다(14:5, 25). 하나님께서 그의 거짓 입술을 미워하는 까닭에(12:22), 그는 언젠가는 자신이 한 말의 그물에 걸려 고통을 당하게 될 것이다(12:13; 14:3; 18:6-7). 뿐만 아니라 미련한 사람은 말은 적게 하는 대신에 수고는 많이 하는 지혜자와는 정반대로 수고는 전혀 하지 않고 말만 앞세움으로써 가난과 궁핍을 자초하게 될 것이다(14:23).

여러분은 어떠한가? 말과 혀를 사용함에 있어서 지혜로운 사람인가, 아니면 미련하고 어리석은 사람인가? 바라기는 여러분 모두 언어생활에 지혜로운 자가 되어 하나님을 영화롭게 하고 자신과 주변의 모든 사람들을 유익하게 하는 귀한 주님의 사람들이 되었으면 한다.

신앙인의 옷 입기

바울은 죄악으로 물든 옛 사람의 더러운 옷을 벗고
그리스도를 통해 새로워진 새 사람의 옷을 입을 것을 사람들에게 권면한다.

　　하나님이 창조하신 맨 처음의 인간 아담과 하와에게는
옷이라는 것이 없었다. 두 사람은 에덴 동산에서 벌거벗은 채
로 살았고, 벌거벗었어도 부끄러운 줄을 몰랐다(창 2:25). 그들
은 창조 이후의 자연 상태에서 살았기에 옷 입을 필요가 없었
다. 옷 자체가 필요하지 않았던 것이다. 그러나 범죄하고 난
후에는 상황이 달라졌다. 범죄한 직후에 자신들의 벌거벗음
을 발견한 그들은 상대방 앞에서 느끼던 수치심과 부끄러움
을 감추기 위해 무화과 나뭇잎을 엮어 옷을 만들었다(창 3:7).

　　그러나 무화과 나뭇잎으로 만든 옷은 금방 시들어버리
는 것이어서, 오래도록 그들의 수치심을 가려주지는 못했다.
하나님이 그들을 위해 친히 지어주신 가죽옷을 입고 나서야

그들은 비로소 수치심에서 해방된다(창 3:21). 여기에서 하나님이 그들에게 만들어주신 가죽옷은 어떠한 의미를 갖는 것일까? 그것은 범죄의 결과인 수치심을 덮어줌으로써 그들을 죄의 영향력으로부터 해방시키시는 하나님의 구원 은총을 상징한다고 볼 수 있다.

옷이 갖는 이러한 상징적인 의미는 예언자들의 메시지에서 자주 발견된다. 에스겔은 하나님이 이스라엘의 벌거벗은 몸을 친히("내 옷으로") 덮어주심으로써 그들을 언약 백성으로 인정하시고 그들을 구원의 길로 인도해주셨음을 강조한다(겔 16:7-8, 22). 종말의 날에 하나님께서 자기 백성에게 찬송의 옷과 구원의 옷, 공의의 겉옷을 입히실 것이라는 메시지도 같은 맥락에서 이해할 수 있을 것이다(사 61:3, 10).

이와는 대조적으로 예언자들은 이스라엘의 범죄 행위를 옷을 벗는 행동, 곧 벗은 몸을 드러내는 행동과 관련시키기도 한다(겔 16:35-36; 23:18; 참조. 계 3:17-18). 이사야는 바벨론에 임할 하나님의 심판을 옷 벗김의 상징으로 설명하며(사 32:11), 호세아나 에스겔은 하나님이 이스라엘의 의복을 벗기고 그들의 몸을 벌거벗김으로써 그들에게 심판을 행하실 것이라고 말한다(호 2:9-10; 겔 16:37-39; 23:10, 29).

그런가 하면 구약성서는 때때로 하나님의 사람들이나 이스라엘 백성에게 닥칠 새로운 시작을 몸을 씻고 옷을 갈아입는 것으로 묘사한다. 야곱이 벧엘로 돌아올 때 그의 가족에게 옷을 갈아입힌 것이 그러하다(창 35:1-3). 이스라엘 백성은 시내 광야에 머물며 하나님의 계명들을 받을 때 하나님 앞에서 옷을 갈아입어야 했다(출 19:10-14). 레위인과 제사장은 자신의 몸을 정결케 한 후 그들에게 정해진 새 옷("아름다운 옷")을 입었다(출 29:4-9; 민 8:5-7, 21; 슥 3:3-5). 부정한 사람을 정결케 하는 데에도 새 옷으로 갈아입는 일이 요청되었다(민 19:19).

신약 시대에 와서 바울은 옷의 상징을 신자의 변화된 삶과 관련시키면서, 죄악으로 물든 옛 사람의 더러운 옷을 벗고 그리스도를 통해 새로워진 새 사람의 옷을 입을 것을 사람들에게 권면한다(롬 13:11-14; 엡 4:22-24; 골 3:8-10). 그가 에베소서 6:10-18에서 강조하는 하나님의 전신갑주 역시 옷의 상징을 적용한 것으로, 그것은 죄악 세상을 이길 수 있는 힘으로 이해된다.

바울은 또한 신자들이 부활의 날에 새 몸을 입을 것임을 강조한다(고전 15:53-54; 고후 5:1-4). 그런가 하면 마지막 날에 있을 종말의 우주적인 전쟁에서 악의 무리에게 임할 심판은 구약 예언자들의 메시지에서와 같이 벌거벗김으로 묘사된다 (계 17:16).

그렇다면 오늘날의 사람들에게 옷은 어떠한 의미를 갖는 것일까? 일반적인 인식에 의한다면, 오늘날의 옷은 부끄러운 곳을 가려주는 것으로서의 기능을 상실한 지 오래다. 옷은 오히려 한 인간의 인격과 품위를 결정짓는 것으로 그 역할과 기능이 바뀌었다. 옷의 기능은 이것으로 끝나지 않는다. 옷은 때때로 한 개인의 속사람을 위장하고 감추는 데 유용하게 쓰이기도 한다. 이렇게 되면 옷은 이제 더 이상 부끄러운 곳을 가려주는 최소한의 것이 아니라, 도리어 인간의 죄악과 부정함을 감추는 새로운 무화과 나뭇잎이 될 수도 있다.

정작 중요한 것은 옛 사람을 벗고 새 사람을 입는 것이요 하나님의 전신갑주를 입는 것인데도, 오늘날의 사람들은 내면적인 변화에는 무관심한 채로 외면적인 치장에 너무 몰두하는 경향이 있다. 그런가 하면 그들은 때때로 인간의 몸에 걸치는 옷을 추하고 더러운 옛 사람을 감추는 죄악의 수단으로 사용하기도 한다. 그러나 하나님께서는 언젠가는 그들의 더럽고 부끄러운 속사람을 드러내실 것이다.

이 점을 잘 아는 그리스도인이라면, 신앙인의 올바른 옷

입기가 어떠해야 하는지를 늘 마음에 새기면서, 하나님과 사람 앞에 조금도 부끄러움이 없는 정결한 삶을 살려고 노력해야 할 것이다.

먹지 말아야 할 것과 먹어야 할 것

세상 것들은 바닷물과 같아서 아무리 먹어도 참된 만족을 주지 못한다.
계속해서 갈증을 느끼게 할 뿐이다.

처음 인간인 아담과 하와의 범죄와 타락(창 3:1-6)에는 선
악을 알게 하는 나무(선악과)와 뱀의 유혹이 그 한가운데에 놓
여 있다. 잘 알려진 바와 같이, 선악과는 피조물인 인간의 한
계를 상징하는 나무이다. "너희가 그것을 먹는 날에는 너희
눈이 밝아져 하나님과 같이 될 것이다"(창 3:5)라는 뱀의 유혹
이나, "이 사람이 선악을 아는 일에 우리 중에 하나 같이 되었
으니 그가 그의 손을 들어 생명나무 열매도 따먹고 영생할까
하노라"(창 3:22)는 하나님의 말씀이 그 점을 뒷받침한다.

비록 하나님의 형상을 따라 창조된 인간에게 다른 피조
물을 다스릴 수 있는 왕적(王的)인 통치권이 주어지긴 했지만
(창 1:26-28), 인간은 결코 무제한의 능력을 가진 신적인 존재가

아니다. 그는 하나님의 피조물에 지나지 않은 것이다. 그럼에도 불구하고 하나님이 창조하신 처음 인간인 아담과 하와는 선악과를 따먹는다.

그렇다면 아담과 하와가 하나님의 엄한 명령을 어기고 선악과를 따먹은 이유는 어디에 있을까? 그 두 사람은 대체 무슨 목적으로 창조주이신 하나님을 두려워하지 않은 채로 금단의 열매인 선악과를 따먹은 것일까? 그 궁극적인 목적은 뱀이 말한 바와 같이 하나님과 같이 되려는 욕구에 있었다. 아담과 하와는 창조주이신 하나님과 피조물인 그들 사이에 마땅히 있어야 할 관계, 곧 명령과 복종의 관계를 깨뜨림으로써 하나님을 무시하고서 스스로가 하나님처럼 되고자 하는 욕구에 사로잡힌 것이다.

여기서 우리가 주목할 것은, 처음 인간의 이러한 범죄 행위가 먹는 행위와 관련되어 있다는 점이다. 그들이 보기에 선악과는 먹음직하고 보암직하고 지혜롭게 할 만큼 탐스러운 것이었다(3:6). 선악과에 대한 이러한 평가는 악에 관한 이스라엘의 일반적인 경험을 반영하고 있는 바, 그것 역시 먹는 것과 관련된다: "그는 비록 악을 달게 여겨 혀 밑에 감추며, 아껴서 버리지 아니하고 입천장에 물고 있을지라도, 그의 음식이 창자 속에서 변하며 뱃속에서 독사의 쓸개가 되느니라"(욥 20:12-14); "대저 음녀의 입술은 꿀을 떨어뜨리며 그의 입은 기름보다 미끄러우나 나중은 쑥 같이 쓰고"(잠 5:3-4). 이는 때때로 먹는 것이 인간의 탐욕과 관련되어 있기 때문인 듯하다.

그러나 구약은 여러 군데에서 먹는 행위를 하나님의 구원과 관련시킨다. 하나님의 구원을 받은 이스라엘은 부족과 결핍의 땅인 광야에서 만나와 메추라기를 먹음으로써 오로지 하나님만을 의지하는 법을 배운다(출 16:4-5). 또한 그들은 시내산 언약의 현장에서 하나님의 구원 은총에 감사하는 중에 먹고 마시면서 기쁨의 잔치를 갖는다(출 24:11). 하나님의 최종적인 구원이 이루어질 메시아 왕국에서도 동일한 기쁨의 잔치가 열린다(사 25:6-8; 55:1-5; 마 8:11; 눅 13:29). 하나님의 말씀은 생명의 떡으로(신 8:3), 또는 꿀보다 더 맛있는 것으로 비교되기도 한다: "주의 말씀의 맛이 내게 어찌 그리 단지요! 내 입에 꿀보다 더 다니이다"(시 109:103).

신약에서도 예외가 아니다. 하나님의 백성은 의에 주리고 목말라야 한다(마 5:6). 예수께서는 제자들에게 자신의 살과 피를 먹어야 참된 생명과 구원을 얻을 수 있음을 강조하신

다: "인자의 살을 먹지 아니하고 인자의 피를 마시지 아니하면 너희 속에 생명이 없느니라. 내 살을 먹고 내 피를 마시는 자는 영생을 가졌고 마지막 날에 내가 그를 다시 살리리니, 내 살은 참된 양식이요 내 피는 참된 음료로다"(요 6:53-55). 이 말씀은 나중에 바울 사도에 의하여 성만찬의 말씀으로 발전한다(고전 11:17-34). 그런가 하면 하나님의 말씀은 누구나 마땅히 먹어야 할 생명의 떡으로(마 4:4), 또는 젖이나 단단한 고기로(히 5:11-14; 고전 3:1-2; 벧전 2:2) 비유된다.

오늘의 상황은 어떠한가? 세상에는 온통 먹고 마시는 탐욕의 문화로 가득 차 있다. 의에 주리고 목마르기보다는 세상 것들에 잔뜩 취해서 지내는 것이 훨씬 안락한 삶을 보증하기 때문이다. 그러나 세상 것들은 바닷물과 같아서 아무리 먹어도 참된 만족을 주지 못한다. 계속해서 갈증을 느끼게 할 뿐이다. 하나님의 의에 굶주리고 그의 말씀에 배부르기 원하는 삶이야말로 진정한 구원을 맛볼 수 있다. 사슴이 시냇물을 찾기에 갈급함 같이 하늘의 신령한 만나로 배를 채우는 자라야 참된 구원의 잔치에 참여할 자격이 있는 것이다.

기억과 망각

아무리 바쁘게 살아갈지라도 하나님께로부터 주어지는 무수한 은혜들을
우리의 기억 주머니에 담지 못하는 어리석은 자가 되지는 말아야 할 것이다.

인간이 가지고 있는 여러 가지 본성이나 습성들 중에서
생각하면 생각할수록 기이한 것에 '기억'(記憶)이라는 것과
'망각'(忘却)이라는 것이 있다. 이 두 가지는 서로 상반된 것이
면서도 동전의 앞뒷면 같은 것이어서, 따로 떼어서 생각할 수
없는 묘한 어울림 관계 속에 있다. 아마도 인간의 의식과 삶
속에서 이 둘처럼 중요한 역할을 수행하는 것도 드물 것이다.

그 가장 구체적인 예를 우리는 이스라엘 민족의 역사에
서 찾을 수 있다. 잘 알려진 바와 같이, 그들은 정작 기억해야
할 중요한 것들, 곧 자기들의 역사 안에서 선물로 주어진 하
나님의 무수한 은혜와 사랑을 너무도 자주 망각하는 잘못을
범하였다. 가까운 예로 이스라엘 민족에게 대하여 가장 중요

한 의미를 갖는 출애굽 사건을 보도록 하자.

출애굽 사건은 이스라엘 민족이 그들의 역사에서 가장 놀랍고도 감격스럽게 받아들였던 구원과 해방의 사건이었다. 그것은 하나님의 특별하신 기억하심에서 비롯된 은혜와 사랑의 사건이었다. 출애굽기 2장 본문이 이를 잘 보여준다: "여러 해 후에 애굽 왕은 죽었고 이스라엘 자손은 고된 노동으로 말미암아 탄식하며 부르짖으니 그 고된 노동으로 말미암아 부르짖는 소리가 하나님께 상달된지라. 하나님이 그들의 고통 소리를 들으시고 하나님이 아브라함과 이삭과 야곱에게 세운 그의 언약을 기억하사, 하나님이 이스라엘 자손을 돌보셨고 하나님이 그들을 기억하셨더라"(23-25절).

그래서인지 구약성경은 거의 모든 책에서 출애굽 사건에 대해서 언급한다. 이스라엘 역사보다는 모든 인간의 일상적인 경험 세계를 다루는 욥기나 잠언, 전도서, 아가 등의 지혜서를 빼고는 말이다. 그뿐이 아니다. 이스라엘 민족은 출애굽 사건에서 드러난 하나님의 은혜와 사랑을 영원토록 기억하기 위하여 출애굽 사건을 유월절 축제 속에서 해마다 새롭게 되새기곤 했다(출 12:43-51; 신 16:1-8).

그러나 안타깝게도 그들은 이처럼 소중한 의미를 갖는

출애굽 사건의 핵심을 망각한 채로 의례적이고 형식적인 차원에서만 그것을 기억해 왔음이 분명하다. 그렇지 않고서야 그들이 출애굽 해방의 놀라운 은총을 선물로 주신 하나님을 버리고 줄기차게 이방 신들을 섬길 까닭이 없기 때문이다. 실제로 그들은 반드시 잊어야 할 주변 나라 사람들의 잘못된 우상숭배를 오래도록 기억하면서, 자기들을 구원하신 하나님을 버리고 바알과 아세라를 비롯한 여러 이방 신들을 줄기차게 섬겼다.

그들에게는 건망증이라는 아주 몹쓸 질병이 있었다. 그리고 때로는 그것이 너무 심하여 일종의 기억 상실증에까지 갈 정도였다. 그처럼 잘못된 기억 상실증(망각증)은 마침내 그들로 하여금 가증스러운 우상 숭배에 빠져들게 만들었고, 그것은 결과적으로 그들을 멸망의 길에 빠지게 했다. 하나님께서 보여주신 바른 길을 기억해야 할 후손들마저도 조상들의 행실을 그대로 답습함으로써 멸망의 길을 자초(自招)했다.

극심한 건망증에서 비롯된 이스라엘 민족의 이러한 실패는 기억해야 할 것과 망각해야 할 것을 제대로 구분하지 못하는 우리 기독교인들의 못된 습성을 아주 잘 반영하고 있다. 우리들 역시 역사 안에서, 그리고 개개인의 삶 속에서 활동하시는 하나님의 능력의 손길을 제대로 기억하지 못하거나 대수롭지 않게 지나쳐 버리는 경우가 너무도 많기 때문이다. 마땅히 기억해야 할 것들에 대한 무관심과는 대조적으로, 정작 잊어버려야 할 많은 불쾌한 감정들과 인간적인 습성들만이 잡초들처럼 살아남아 하나님의 영광을 가리는 경우는 또 얼마나 많은가!

만일 우리가 하나님을 기억하는 만큼만 그분이 우리를 기억하신다면 어떤 일이 일어나겠는가? 생각할수록 소름 끼치는 일이다. 그러기에 우리는 아무리 바쁘게 세상을 살아간다 할지라도 하나님께로부터 주어지는 무수한 은혜들을 우리의 기억 주머니에 제대로 챙겨 담지 못하는 어리석은 자가 되지는 말아야 할 것이다. 아울러 하나님께서도 기억하고 싶어 하지 않으시는 것이라면, 아무 미련 없이 망각의 강에 모두 띄워버릴 수 있는 용기 있는 신앙인이 되어야 할 것이다.

포도원 노래

하나님의 은혜와 사랑에 힘입어 극상품 포도나무로 선택받은 오늘의 성도들은 과연 하나님의 거룩한 뜻에 부합된 삶을 살고 있다고 자신할 수 있을까?

이사야는 구약성경의 예언서들 중에서 가장 먼저 나오는 책의 주인공이다. 이른바 "대(大) 예언서"(major prophets)의 첫 번째 인물인 그는 웃시야 왕이 죽던 해(주전 742년경)에 예언자로 부름을 받아 요담, 아하스, 히스기야 시대에 이르기까지 활동하였다(사 1:1). 하나님께서 그를 부르셨을 때 그는 예루살렘 성전에서 기도하던 중에 환상을 통하여 지극히 거룩하고 존귀하신 하나님의 모습을 보았다(6장).

이 환상은 이사야가 전해야 할 메시지의 중심 부분을 이루고 있다. 이사야 자신이 고백했던 것처럼(6:5, "입술이 부정한 백성"), 그가 살던 시대의 사람들이 거룩하신 하나님을 올바로 믿지 못한 채로 부정한 삶을 살았기 때문이다. 그래서 그는 유다 백성에게 거룩하신 하나님의 심판이 곧 있을 것임을 선포하지 않을 수 없었다.

이사야서의 상당 부분이 그러한 심판의 메시지를 담고 있지만, 그가 선포한 하나님의 심판을 가장 잘 담아내고 있는 것이 바로 그 유명한 이사야 5장의 포도원 노래(1-7절)이다. 이 노래는 하나님이 이스라엘과 유다를 포함하는 계약 공동체-더 정확하게는 남왕국 유다-를 위하여 포도원을 소재로 하는 사랑의 노래를 부르시는 것으로 시작한다. 이 노래가 심판의 노래이면서 동시에 사랑의 노래인 것은, 하나님이 이 노래의 서두(1절)에서 자기 백성을 세 번씩이나 "내가 사랑하는 자"라고 칭하고 계시기 때문이다.

하나님은 이렇듯이 연인이나 다름이 없는 자기 백성을 포도원으로 칭하는 은유를 사용하시면서, 자신이 그들로부터 맛있는 포도의 생산을 기대하면서 얼마나 꼼꼼하게 준비하셨는지를 노래한다. 땅을 파서 돌을 제거하고 극상품 포도나무를 심은 다음에, 망대를 세우고 그 안에 술틀도 판 것이 그 점을 뒷받침한다(2a절). 그래서인지 1절 하반절은 하나님의 지극한 정성으로 인하여 그곳이 "심히 기름진 산"으로 바뀌었다고 묘사한다.

그러나 불행하게도 이 사랑 노래는 중간에 고발과 심판의 말씀이 들어섬으로 인하여 균일하지 않은 음정을 드러내고 있다. 그 까닭은 하나님의 포도원이 맛없는 들포도만을 생산해 냈기 때문이다(2b절). 이에 하나님께서는 예루살렘 주민과 유다 사람들에게 사리 판단을 요구하면서, 좋은 포도를 수확하기 위해 최선을 다했건만 그렇지 못한 것이 누구의 책임인지를 물으신다(3-4절).

거절당한 구애자나 다름이 없는 하나님은 이제 그 포도원을 포기할 수밖에 없다. 그는 포도원의 울타리가 걷어 먹히게 하실 것이요, 그 담을 헐어 짓밟히게 하실 것이다(5절). 뿐만 아니라 하나님은 자신의 포도원을 황폐하게 하심으로써, 다시는 가지를 자름이나 북을 돋우는 일이 없게 하실 것이요, 그로 인하여 찔레와 가시가 나게 하실 것이다. 또한 그는 구름에게 명하여 그 위에 비를 내리지 못하게 하실 것이다(6절).

이 노래의 마지막인 7절은 포도원 노래가 갖는 의미에 대해서 설명하면서, 강력한 사회 비판의 메시지를 전한다. 그 설명에 의하면, 포도원은 이스라엘과 유다를 대표한다. 그리고 예상되는 좋은 포도는 정의와 공의를 상징하며, 쓴 포도는 과도한 폭력과 그로 인한 고통의 부르짖음을 대표한다.

그런데 흥미롭게도 이사야는 이 구절에서 하나님의 기대감과 이스라엘 사이의 대조에 주의를 환기시키기 위해 흥미로운 말놀이(word play)를 사용한다. 하나님께서 그들에게서 "정의"('미슈파트')를 기대하셨으나, 단지 "포학"('미스파흐')만을 얻었고, 그들에게서 "공의"('츠다카')를 기대하셨으나, 단지 압제 당하는 자들의 "고통스런 부르짖음"('츠아카')만을 얻었을 뿐이라는 지적이 그렇다.

이 노래에서 우리는 매우 귀중한 교훈 한 가지를 얻을 수 있다. 그것은 곧 하나님께서 인간의 행동이 공동체를 지탱하고 떠받치는 역할을 수행할 것을 강하게 요청하신다는 점이다. 그는 포도원 주인이 온갖 정성을 기울여 포도원을 심은 다음에 좋은 포도를 기대하는 것과 같은 방식으로 올바른 인간 행동을 기대하신다. 그러나 애석하게도 그들에게서는 기대할 것이 전혀 없었다. 이사야가 보기에도 탐욕에 사로잡힌 지배 계층의 온갖 불법 행위와 악한 행동이야말로 가장 해로운 것이었다. 8절 이하의 비판과 고발의 메시지에서 보듯이 말이다.

오늘의 우리는 어떠한가? 하나님의 은혜와 사랑에 힘입어 극상품 포도나무로 선택받은 오늘의 성도들은 과연 하나님의 거룩한 뜻에 부합된 삶을 살고 있다고 자신할 수 있을까? 하나님이 자기 백성을 연인처럼 사랑하시고 아름다운 포도원을 심으신 목적이, 좋은 포도 맺기를 바라는 데 있음에도 불구하고, 들포도를 맺는 것이 오늘의 현실이고 보면, 하나님의 심판과 징계를 두려워하는 마음으로 그의 은혜와 사랑에 올바로 응답하는 거룩하고 신신한 삶을 살려고 모두 노력해야 하지 않겠는가!

지혜로운 신앙인이라면

하늘에 재물을 쌓아둘 수 있는 사람이야말로
자기 마음을 다스릴 줄 아는 진정한 신자인 것이다

복음서를 읽어보면 예수님 주변에는 항상 많은 사람들
이 모여들었음을 알 수 있다. 한 예로 누가복음 12:1은 무리
수만 명이 모여 서로 밟힐 만큼 되었다고 말한다. 얼마나 많
은 사람들이 예수님 주변에 모여들었는지를 한눈에 알게 해
주는 구절이 아닐 수 없다. 물론 예수님께서 이 모든 사람들
이 다 알아들을 수 있도록 큰 목소리로 설교하실 수 있었던
것은 아니다. 지금처럼 확성기나 마이크가 있는 시절이 아니
었기에, 실제로 예수님의 설교 말씀을 제대로 알아들을 수 있
는 사람은 극히 일부에 지나지 않았을 것이다.

그래서인지 예수님은 주변에 둘러선 사람들을 향하여
말씀하시다가, 때때로 방향을 돌려 제자들이나 특정 개인에

게 말씀하시는 방식을 취하기도 하셨다. 누가복음 22장의 경우에만 국한시켜 생각해보도록 하자. 1절 하반절에 의하면, 예수님은 먼저 제자들을 향하여 바리새인들의 누룩(위선과 외식)을 조심하라는 말씀을 주신다(1-12절). 그러다가 13-21절에서는 형과의 사이에 유산 분배 문제로 고민하는 어떤 사람을 상대로 하여 탐심에 사로잡힌 어리석은 부자의 비유를 말씀하신다.

그런가 하면 22-34절에서는 다시금 제자들을 향하여 말씀하시면서, 앞 단락의 연장선상에서 그들에게 탐심을 경계할 것을 교훈하신다. 이어지는 35-48절과 49-53절에서도 그는 제자들을 향하여 늘 긴장감을 가지고 깨어 있는 자세로 마지막 때를 준비해야 한다는 말씀을 주시며(35-48절), 세상에 불을 던지고 분열과 불화를 일으키러 오신 공생애 사역의 특징을 제자들에게 가르쳐주신다(49-53절). 그리고 마지막으로 54-59절에서는 자기 곁에 둘러선 무리를 향하여 시대를 분간하기를 힘쓰고 가능한 한 고소자와 화해하려고 노력할 것을 명하신다.

누가복음 22장의 이러한 구성상의 특징은 우리에게 두 가지 사실을 가르쳐준다. 첫째로 이 본문은 예수님이 항상 둘러선 사람들만을 대상으로 하여 설교하는 것이 아니었다는 사실을 가르쳐준다. 예수님은 주변에 둘러선 사람들을 향하여 말씀하시다가도 방향을 돌려 제자들에게 말씀하시기도 했으며, 때로는 자신에게 질문을 던지는 특정 개인을 향하여 말씀하시기도 했다. 그러나 예수님의 말씀이 제자들이나 특정 개인을 대상으로 하는 것이었다 할지라도, 예수님과 아주 가까운 거리에 서 있던 사람들은 예수님의 그러한 말씀을 충분히 알아들을 수 있었을 것이다.

둘째로 누가복음 22장은 청중이 누구냐에 따라서 그에 합당한 메시지가 그들에게 전달되고 있음을 분명하게 보여준다. 이를테면 제자들에게는 바리새인의 누룩과 탐심을 경계하는 말씀 및 종말론적인 신앙과 공생애 사역의 특징에 관한 말씀을 주시고, 유산 분배 문제로 고민하는 사람에게는 탐심을 경계하라는 말씀을 주신다. 그리고 주변에 둘러선 사람들에게는 시대를 올바로 분간하라는 말씀과 고소자와의 화해를 권하는 말씀을 주신다.

물론 청중에 따라서 달라지는 이러한 말씀들은 궁극적으로는 그들 모두에게 공통으로 적용되는 말씀이기도 하다. 누구나 누가복음 22장에 기록된 말씀에 귀를 기울이고 그 말씀을 따라 살려고 노력해야 한다는 얘기다. 그러면서도 누가복음 22장에 있는 예수님의 설교에서는 탐심을 경계하는 말씀(13-34절)과 종말론적인 신앙을 강조하는 말씀(35-48절)이 가장 많은 분량을 차지하고 있다. 이것은 누가복음 22장의 핵심이 탐심 경계와 종말론적인 신앙에 있음을 암시한다.

탐심 경계의 결론 부분이라 할 수 있는 32-34절에 의하면, 세상 나라들과 세상 사람들에 비교할 때 성도들은 그 수가 너무 적고 권세나 힘이나 영향력도 약하지만 두려워할 필요가 없다. 하늘의 아버지께서 자신의 나라를 그들에게 주시기를 기뻐하시기 때문이다(32절). 원칙적으로 그들은 이미 그 나라를 소유하고 있고 그 안에 있는 복들을 누리고 있으나, 마지막 때가 되면 그것을 완전하고도 충분하게 누릴 것이다.

주님의 눈으로 볼 때, 성도들의 참된 삶은 지상의 보화나 재물을 자신만을 위하여 이기적으로 축적하는 데 있지 않다. 도리어 그들의 진정한 부는 하나님 안에 있다. 따라서 그들은 세상적인 소유로부터 내적으로 자유로워야 하며, 그것이 하나님께서 사랑으로 자기들에게 준 선물임을 명심하면서 그것을 사용해야 한다. 자신의 소유를 팔아 가난한 자들에게 나누어주고 주의 나라 확장에 사용할 때 그것은 하늘에 쌓아둔

보물이 된다(33절). 물론 이보다 더 중요한 것은 영적인 차원의 부요함이다. 하늘에 재물을 쌓아둘 수 있는 사람이야말로 자기 마음을 다스릴 줄 아는 진정한 신자인 것이다(34절).

신실한 하나님의 사람은 주님의 재림을 지혜롭게 잘 준비하는 사람이기도 하다. 비유 말씀에 의하면, 지혜로운 종들은 주인이 결혼식에 갔다가 언제 올지 모르기 때문에 그가 돌아오자마자 문을 열 준비를 하고 있어야 한다. 신속하게 움직일 수 있도록 허리에 띤 채로 등불을 켜고 서 있어야 하는 것이다(35-36절). 어느 시간대인지는 알 수 없으나 한밤중에 올 주인을 맞이하기 위해 깨어 준비하는 종들은 큰 복을 받을 것이다. 그 결과 이제는 도리어 그 주인이 띠를 띠고 그들을 식탁에 앉힌 후 그들 곁에 와서 시중을 들어 줄 것이다(37-38절). 재림의 주님도 전혀 예상치 못한 시간에 도둑같이 오실 것이므로, 성도들은 지혜로운 종들처럼 항상 그를 맞이할 준비를 하고 있어야 한다(39-40절). 누가복음 22장의 교훈을 마음에 깊이 새기면서, 자신의 생명을 갉아먹는 탐심을 이겨내고 주님의 재림을 지혜롭게 잘 준비하는 우리 모두가 되었으면 하는 마음 간절하다.

일상적인 삶의 소중함

하나님의 거룩한 뜻 안에서 일상생활에 충실한 자는 하나님 나라를 유업으로 물려받겠지만, 그렇지 못한 자는 영원한 심판을 유업으로 물려받을 것이다.

마태복음에는 예수께서 말씀하신 다양한 비유의 말씀들을 한데 모아 놓은 장이 있다. 비유장으로 알려진 13장이 그렇다. 이곳에는 네 종류의 땅(길가, 돌밭, 가시떨기, 좋은 땅)에 떨어진 씨의 비유를 비롯하여 겨자씨와 누룩의 비유, 가라지 비유, 천국에 관한 세 가지 비유(밭에 감추인 보화, 진주, 그물) 등이 담겨 있다.

그러나 비유의 말씀이 13장에만 있는 것은 아니다. 마태복음 후반부인 25장에도 우리가 잘 알고 있는 세 개의 유명한 비유 말씀들이 기록되어 있다. 열 처녀 비유(1-13절)와 달란트 비유(14-30절), 그리고 최후 심판과 관련된 양과 염소의 비유(31-46절) 등이 그것이다. 우리가 이번에 살펴보려고 하는 말씀은 달란트 비유이다. 열 처녀 비유에 이어서 나오는 달란트 비유는 별도의 설명이 필요하지 않을 정도로 한국 교회의 목회자들과 성도들에게 매우 많이 알려져 있다.

이 비유에 나오는 달란트(talent)는 본래 무게를 재는 단위를 가리키는 낱말이었으나, 나중에는 가장 액수가 높은 화폐 단위를 가리키는 낱말로 사용되었다. 당시에 한 달란트(talent)는 6천 데나리온(denarius)에 해당하는 금액으로 알려져 있었다. 두 데나리온이면 당시에 한 가정 식구들의 하루 생계가 충분히 가능했다. 그런데 달란트가 중세 시대에 이르러 영어권에 와서는 어떤 일을 해낼 수 있는 능력이나 재주 또는 타고난 재능 등과 동의어(talent)로 사용되었다.

이 비유의 말씀은 일반적으로 바로 다음에 나오는 31-46절과 마찬가지로 최후의 심판을 암시하는 본문으로 이해되고 있다. 그래서인지 달란트 비유는 연말(年末)에 1년 동안의 삶을 정리하고 반성하도록 하는 차원에서 설교의 본문으로 선택되는 경우가 많다. 그러나 달란트 비유는 꼭 연말이 아니더라도 성도들의 일상생활과 신앙생활에 대하여 귀중한 교훈을 주는 말씀이 아닐 수 없다. 마지막 심판의 날에 신실하고 충성스러운 자들에게는 복이 주어지지만 불성실하고 게

으른 자들에게는 형벌이 주어진다는 교훈 말이다.

마태복음 25장의 한가운데 있는 달란트 비유는 예수 그리스도를 상징하는 어떤 주인이 다른 나라로 여행을 떠나면서(승천) 종들에게 자기 소유를 맡긴 것으로 시작한다(14절). 본문은 세 명의 종들에 대해서 언급한다. 첫 번째 종은 자기 재능에 따라 다섯 달란트를 받았고, 그것으로 열심히 장사하여 다섯 달란트를 더 벌어들였다. 두 번째 종도 자기 재능에 따라 두 달란트를 받았고, 그것으로 열심히 장사하여 두 달란트를 더 벌어들였다. 그러나 세 번째 종은 땅을 파고서는 주인에게서 받은 한 달란트를 그 속에 감추어두었다.

오랜 기간이 지난 후에(마지막 심판을 위한 재림) 여행에서 돌아온 주인은 이 세 명의 종들과 결산을 하고자 했다. 첫 번째 종과 두 번째 종은 자신에게 주어진 달란트를 가지고서 나름대로 열심히 노력하여 제각기 또 다른 다섯 달란트와 두 달란트를 벌어들였다. 이에 그 주인은 두 사람에게 똑같이 "잘하였도다, 착하고 충성된 종아! 네가 적은 일에 충성하였으매 내가 많은 것을 네게 맡기리니 네 주인의 즐거움에 참여할지어다"라는 말로 칭찬을 하였다(21, 23절).

그러나 세 번째 종은 그렇지 못했다. 그는 주인이 굳은 사람(a hard man)이기에 심지 않은 데서 거두고 헤치지 않은 데서 모으는 줄로 생각하고서는 자신이 받은 한 달란트를 땅에 감추어두었다고 말한다(24-25절). 이에 주인은 그 종이 자신에게 맡겨진 한 달란트를 취리하는 자들에게 맡겼다가 주인이 돌아올 때에 원금과 이자까지 받게 하지 못한 것을 크게 책망한다. 그렇게 하는 것이야말로 그가 판단하는 주인의 성격, 곧 심지 않은 데서 거두고 헤치지 않은 데서 모으는 굳은 성격에 가장 잘 부합되는 것인데도, 그가 그렇게 하지 않았기 때문이다.

세 번째 종을 향한 주인의 책망은 그를 "악하고 게으른 종"으로 칭하는 것에서 분명하게 드러난다. 그러면서 그는 세 번째 종이 가진 돈을 열 달란트 가진 자에게 주라고 명한다(26-28절). 한 달란트를 땅에 묻어두었던 종을 향한 주인의 책망은 이것으로 끝나지 않는다. 그는 그 "무익한 종"을 바깥 어두운 데로 내쫓음으로써 그로 하여금 슬피 울며 이를 갈게 (13:12; 22:13; 24:51) 하라고 명한다(30절).

그런데 이 비유의 평행 본문인 누가복음 19:11-27에서는 달란트 대신에 헬라 세계의 은전 중의 하나인 므나(mina)가 화폐 단위로 언급된다. 므나 역시 달란트와 마찬가지로 금이나

은 또는 보석 등과 같은 귀금속의 중량을 재는 단위를 가리키는 것으로, 달란트의 60분의 1이요, 50세겔 혹은 60세겔이었다. 한 므나는 1백 드라크마(=로마의 데나리온)였고, 한 드라크마는 노동자의 하루 품삯에 해당하는 금액을 일컬었다.

누가복음의 므나 비유에서는 어떤 귀인(예수 그리스도)이 왕위를 받기 위해 "먼 나라"로(to a far country; 금방 돌아오지 않을 것임을 암시=승천) 갈 때에 열 명의 종에게 한 므나씩을 주고서 여행을 떠나고, 여행이 끝난 후에 돌아왔을 때(마지막 심판을 위한 재림)에는 한 므나로 열 므나를 남긴 종과 한 므나로 다섯 므나를 남긴 종, 그리고 한 므나를 수건에 싸두었던 종이 제각기 주인에게 자신의 활동에 대해서 보고한다. 왕위를 받아 온 주인은 첫 번째 종과 두 번째 종에게는 각각 열 고을과 다섯 고을을 다스릴 권세를 주지만, 세 번째 종의 경우에는 그의 한 므나를 빼앗아 열 므나를 가진 종에게 주라 명한다.

달란트 비유나 므나 비유의 공통점은, 주인이 없는 사이에 자신에게 있는 것을 가지고서 최선을 다하는 자에게 큰 상급이 주어질 것이라는 데 있다. 그러나 그렇지 못한 자에게는 오로지 엄중한 책망과 심판이 예정되어 있을 뿐이다. 이것은 세상에 있을 동안에 우리의 삶이 주님 보시기에 어떠한 모습으로 비쳐지는지가 심판의 기준이 될 것임을 암시한다. 아버지 하나님의 거룩한 뜻 안에서 일상생활에 충실한 자는 하나님 나라를 유업으로 물려받겠지만, 그렇지 못한 자는 영원한 심판과 재앙을 유업으로 물려받을 것이다. 일상적인 삶에 최선을 다하는 신실한 그리스도인을 원하시는 주님의 마음을 헤아리는 여러분 모두가 되기를 간절히 바란다.

모세의 후계자가 된 여호수아

너희는 자신을 성결하게 하라.

여호와께서 내일 너희 가운데에 기이한 일들을 행하시리라.

◇◇

출애굽의 지도자인 모세는 세대교체를 원하시는 하나님의 명령에 순종하여 약속의 땅 가나안을 목전에 둔 상황에서 이스라엘 백성의 지도권을 여호수아에게 양도하기로 결심한다. 그것은 전적으로 야웨 하나님의 계획과 섭리 속에서 이루어진 일이었다(민 27:12-23; 신 31:14-23). 마침내 모세가 가나안 땅을 바라보면서 모압 땅에서 죽어 장사 지낸 바 되자, 여호수아는 곧바로 그의 뒤를 이어 이스라엘 백성의 지도자가 된다(신 34:9).

모세의 후계자가 된 여호수아가 가장 먼저 한 일은, 이스라엘 백성을 이끌고 요단 강을 건너 가나안 땅으로 들어가는 일이었다. 여리고 정탐(수 2장)을 마친 후 그는 백성을 이끌고서 하나님의 능력에 힘입어 요단 강을 갈라지게 한 다음에 마른 땅으로 강을 건넌다(수 3-4장). 전임자인 모세가 이스라엘 백성으로 하여금 마른 땅으로 홍해 바다를 건너게 한 것처럼 말이다.

요단 강을 건넌 그는 가나안 땅의 첫 번째 성읍인 여리고를 점령하기에 앞서, 이스라엘의 자기 정체성을 확인하는 의식에 해당하는 매우 중요한 두 가지 행사, 곧 할례와 유월절을 행한다. 여호수아 5장에 그것이 잘 설명되어 있다. 여호수아의 지도력 행사와 이스라엘의 가나안 정착과 관련하여 이처럼 중요한 의미를 갖는 여호수아 5장은 이스라엘 백성이 요단 강을 기적적으로 건넌 것에 대한 가나안 원주민들의 반응(1절), 언약의 표징인 할례를 행하는 이스라엘 백성(2-9절), 여리고 평지에서의 유월절 거행(10-12절), 여호수아를 만나 그의 지도력을 확인하는 야웨의 군대 대장(13-15절) 등의 단락들로 이루어져 있다.

그런데 이러한 세부 단락들 중에서도 특히 우리의 관심을 끄는 것이 하나 있다. 그것은 5장의 마지막 단락인 13-15절이다. 이 본문은 여호수아가 이스라엘 백성에게 할례를 행하고, 길갈에 진을 친 그들이 여리고 평지에서 유월절 축제를 지킨 다음에 있었던 일을 다루고 있다. 조금은 이해하기 힘들어 보이는 이 본문의 설명에 의하면, 여호수아는 여리고로 가까이 가던 중에 이스라엘 백성의 구원을 상징하는 칼을 빼어 들고서 마주 서 있는 야웨의 군대 대장을 만난다.

그런데 흥미롭게도 야웨의 군대 대장이 칼을 빼어 손에 들고 섰다는 설명과 어느 정도 평행을 이루는 역대상 21:16은 정반대로 야웨의 천사가 다윗을 심판하기 위해 예루살렘 하늘을 향하여 칼을 펴는 모습에 대해서 언급한다: "다윗이 눈을 들어 보매 여호와의 천사가 천지 사이에 섰고 칼을 빼어 손에 들고 예루살렘 하늘을 향하여 편지라." 이는 야웨의 사자가 칼을 들고 선 모습이 구원과 심판의 양면성을 가지고 있음을 암시한다.

그러나 아직은 자신을 만나려고 칼을 빼들고 선 자가 누구인지를 전혀 알 길이 없는 여호수아는 그가 누구 편인지를 묻는다. 그가 야웨 하나님의 군대 대장으로 자기를 만나러 왔다는 사실을 알게 된 여호수아는 바로 그 순간에 얼굴을 땅에 대고 엎드려 절한 다음에, 그가 자신에게 무슨 말씀을 하려고 하시는지를 묻는다. 이에 하나님의 군대 대장은 여호수아에게 그가 선 곳이 거룩한 땅이니 그의 발에서 신을 벗으라고 명하고, 여호수아는 그의 명령을 따라 발에서 신을 벗는다.

가나안 정복이 시작되기 전에 여호수아가 겪은 이 일은 호렙 산 떨기나무 불꽃 속에서 하나님의 음성을 듣고 출애굽 해방의 소명을 받는 모세의 경험(출 3:1-5)과 매우 비슷한 모습을 보인다. 출애굽기의 이러한 평행 본문을 염두에 둔다면, 이 사건은 여호수아가 모세의 후계자로서 이스라엘 백성을 가나안 땅에서 이끌어가야 할 지도자임을 강조하려는 의도를 분명하게 가지고 있다고 보아야 할 것이다.

그리고 야웨의 군대 대장이 자기 손에 들고 있던 칼은 여호수아가 아이 성을 향해 쳐들던 단창(8:18)과 연결되는 것으로서, 야웨께서 가나안 정복을 위한 전쟁에서 이스라엘을 위해 싸우실 것임을 상징하는 것이라 할 수 있다. 특히 "네 발에서 신을 벗으라. 네가 선 곳은 거룩하니라"는 명령(15절)은 모세에게서도 거의 똑같이 발견되는 것이다: "이리로 가까이 오지 말라. 네가 선 곳은 거룩한 땅이니 네 발에서 신을 벗으라"(출 3:5).

이처럼 거룩한 땅에서 신을 벗으라는 명령은 두 사람에게서 똑같이 발견되는 것으로, 귀한 사명을 앞에 두고 있는 자에게 거룩함이 요구되고 있음을 분명하게 보여준다. 이를테면 여호수아가 앞서 요단 강을 건너기 전에 이스라엘 백성에게 자신을 성결케 하라고 명한 것과 마찬가지로 말이다: "너희는 자신을 성결하게 하라. 여호와께서 내일 너희 가운데에 기이한 일들을 행하시리라"(수 3:5). 이사야가 자신의 부정함을 정결케 한 다음에야 비로소 예언자로 부름을 받게 되는 것(사 6:5-8)도 같은 이치에 속한 것이다. 이는 하나님의 일을 함에 있어서 거룩함이 얼마나 중요한 것인지를 알게 해주는 귀한 교훈이 아닐 수 없다.

하나님이 원하시는 사람

묵은 때를 벗어버리고 새로운 각오와 결심으로 총체적인 자기 변화를 꾀하지 않는다면, 결단코 죄악을 정결케 하시는 하나님의 심판을 피하지 못한다.

인간은 본질적으로 악한 존재이다. 근본적으로 그 마음이 악하다는 얘기다. 하나님을 마음에 두기 싫어하며 그의 뜻을 따라 정직하고 의로운 삶을 살기를 싫어한다. 하나님은 홍수 심판을 시작하시기 전에 그 점을 지적하셨으며(창 6:5), 홍수가 끝난 후에도 그 점에 변화가 없음을 다시금 확인하셨다(창 8:21). 예레미야 역시 만물보다 거짓되고 심히 부패한 것이 인간의 마음이라고 말한다(렘 17:9).

이처럼 인간의 마음이 근본적으로 악한 까닭에, 하나님은 끊임없이 이스라엘 자손에게 마음에 할례를 받아야 한다고 말씀하신다(신 10:16; 30:6; 렘 4:4; 9:26; 겔 44:7, 9; 행 7:51; 롬서 2:29 등). 생명의 근원인 마음을 잘 지키라고 명하는 잠언 4:23

이나, 악한 생각과 살인과 간음과 음란과 도적질과 거짓 증거와 훼방 등 사람을 더럽히는 모든 것들이 인간의 마음에서 나온다는 마태복음 15:17-20도 같은 맥락에서 이해할 수 있다.

인간의 마음이 이렇듯이 악하고 그 마음에서 비롯된 생각이나 행동 역시 악하기 때문에, 그러한 인간이 모여 사는 세상 또한 악할 수밖에 없다. 오늘날 우리 사회에 만연해 있는 온갖 범죄와 부패의 흔적들은 그 점을 너무도 확실하게 보여 준다. 세상 사람들 모두가 한결같이 윤리나 도덕을 무시한 채로 몸과 마음을 즐겁게 하는 것만을 추구하며, 세상적인 안락과 평안함에 흠뻑 젖어 있다. 무엇이 옳고 그른지에 대한 감각이 마비된 탓에, 너나 할 것 없이 오염된 세속 문화의 물결에 휩쓸려 있으며, 인간으로서 기본적으로 갖추어야 할 양심이나 도덕은 이미 내팽개쳐진 지 오래다.

심지어는 그리스도인들조차도 그리스도인으로서의 정체성을 상실한 채로 세상 문화의 한복판에서 세상 사람들과 똑같이 허우적거리고 있다. 예수 믿는 사람이 많다는 데도 우리 사회가 맑아지기는커녕 점점 더 추한 모습으로 변질되는 것도, 따지고 보면 인간이 본질적으로 악하다는 근본 사실로부터 비롯된다. 이것은 결국 우리 시대의 상황이 노아의 시대와 별반 차이가 없다는 것을 보여준다. 참으로 우리는 하나님의 전면적인 심판을 받아 마땅한 죄악의 현실을 몸으로 겪으면서 살고 있는 것이다.

그러나 아무리 세상이 악하고 추하다 할지라도, 그중에는 양심과 도덕을 지키고 삶의 기본 원리에 충실하고자 노력하는 소수의 선량한 시민들이 있게 마련이다. 인간의 마음은 본질적으로 악할 뿐이지만, 그럼에도 불구하고 악한 마음을 다스리며 깨끗하고 맑은 양심으로 자신의 삶을 지켜 나가는 성실한 이 시대의 파수꾼들이 있는 것이다. 그러한 사람들을 통해 인간 역사는 맥을 이어간다. 그들은 악할 뿐인 세상이 무너지지 않게끔 우리 사회를 지탱해주는 역할을 수행하며, 타락하고 변질된 사회에 생명력을 불어넣는 일을 한다.

그들은 참으로 역사를 바른 길로 인도하는 창조적인 소수자들(creative minority)이라 할 수 있다. 물론 그러한 사람들은 마땅히 우리 시대의 그리스도인들이 되어야 하고, 그러한 사람들은 당연히 오늘의 교회 안에 있는 사람들이어야 한다. 그러나 불행하게도 현실은 그렇지 못하다. 우리 시대의 문제는 다른 데에 있지 않다. 오늘의 사회와 교회가 그러한 사람들을 많이 가지고 있지 못하며, 그러한 사람들이 갈수록 줄어들고 있다는 것이야말로 우리 시대가 안고 있는 가장 큰 문제인 것이다. 오늘의 교회와 그리스도인들은 과연 우리 사회 안에서 빛과 소금의 역할을 제대로 수행하고 있다고 자신 있게 말할 수 있을까?

우리는 흔히 한 개인이나 국가 또는 사회의 삶이 건강하게 유지되려면 무엇보다도 끊임없는 자기 개혁과 자기 갱신이 뒷받침되어야만 한다고 말한다. 냉철한 자기 반성과 그에 기초한 철저한 자기 개혁이 뒤따르지 않는다면 어떠한 개인도, 어떠한 집단도 건강을 누릴 수 없기 때문이다. 특히 개인의 삶이나 사회의 전체적인 분위기가 이대로는 더 이상 안 되겠다는 강한 필요를 느낄 때, 묵은 때를 벗어버리고 새로운 각오와 결심으로 총체적인 자기 변화를 꾀하지 않는다면, 결단코 죄악을 정결케 하시는 하나님의 심판을 피하지 못한다. 이 점은 그리스도인들과 교회들이라고 예외일 수 없다.

지금 우리는 우리 모두에게 뼈를 깎는 새로운 각오와 결심이 필요함을 절실하게 느끼고 있다. 이처럼 중요한 시점에 서 있는 우리는 다시 한 번 심기일전하여 성경에 나오는 위대한 신앙의 사람들을 본받음으로 철저한 자기 갱신을 시도할 수 있어야 한다. 그들은 어떠한 고통과 시련 속에서도 묵묵히 하나님의 명령에 순종하며 자신에게 주어진 길을 갔다. 그들은 험악한 세상의 한복판에서 자신의 마음을 잘 관리하고 지키면서 하나님을 향한 신앙의 정절을 지켰다.

이들의 위대한 신앙은 누구보다도 하나님의 계획과 뜻에 철저하게 순종하셨던 예수님에게서 절정에 이른다. 예수님은 늘 하나님의 때에 맞추어 자신의 구원 사역을 담당하셨으며, 심한 눈물과 통곡으로 하나님께 기도하면서도(히 5:7), 궁극적으로는 자신의 뜻이 아니라 하나님의 뜻이 이루어지기를 간구하셨던 분이다.

오늘의 그리스도인들도 마찬가지이다. 세상이 아무리 악하다 할지라도, 적어도 그리스도인이라면 그에 타협하거나 굴종하지 않고 위대한 신앙의 사람들처럼 의롭고 경건한 삶을 살아야 하며, 하나님의 계획과 뜻에 철저하게 순종하는 신앙의 사람들이 되어야 한다. 그리하여 새로운 시대의 등불로서 하나님의 구원 역사의 도구로 유용하게 쓰임 받을 수 있어야 한다. 이와 아울러 오늘의 교회는 악할 뿐인 세상에서 의롭고 경건한 사람들을 양육하는 구원의 방주가 되어야 한다. 또한 교회는 항상 하나님의 때에 맞추어 살아가려고 애쓰면서 늘 진실한 마음으로 하나님께 감사와 헌신의 제사를 드리는 믿음의 사람들을 키워내야 하며, 그럼으로써 하나님의 새로운 역사를 이어갈 진실하고 믿음직한 일꾼들을 양성하는 참된 인재의 보고(寶庫)가 되어야 할 것이다.

5

이웃을 사랑하는 삶

◇◇

◇◇

불의의 재물로 친구를 사귀라

무릇 재물이라는 것은 그것에 대한 인간의 태도와 행동에 따라서
그 의미가 달라지게 마련이다.

필자는 신학대학교에서 구약성서를 가르치고 있지만,
제자들 중에는 때때로 이해가 잘 되지 않는 신약 본문을 가지
고서 필자에게 적절한 설명을 구하는 경우가 있다. 필자가 얼
마 전에 받은 아래의 전자 우편(e-mail)이 그 대표적인 예에 해
당하는 것이다. 필자는 그 질문에 답하면서, 전자 우편을 통
한 질문과 응답의 내용을 다른 사람들에게도 소개할 필요가
있겠다 싶어서 그 내용을 전한다.

필자에게 전달된 전자 우편의 질문 요지는 이렇다: "누
가복음 16:9에 나오는 '불의의 재물로 친구를 사귀라'는 말씀
을 어떻게 읽어야 할지 모르겠습니다. 설령 불의한 재물이라
할지라도 전도를 위해서라면 적극 사용해도 괜찮다는 말씀

은 아닌 것 같고… 저의 무지함을 잘 아시는 교수님께서 탓하지 아니하시고 시원하게 속을 풀어주시길 부탁드립니다."

사실 이 구절은 한국의 많은 성도들에게 많은 의문점을 안겨주는 말씀이 아닐 수 없다. 필자도 과거에 이 구절을 지나칠 때마다 그 의미가 속 시원하게 이해되지 않은 탓에 답답한 마음을 가진 적이 한두 번이 아니었다. 이제 그 의미를 밝히기 전에 누가복음 16장 9절 전체를 개역 개정판으로 읽어보도록 하자: "내가 너희에게 말하노니 불의의 재물로 친구를 사귀라. 그리하면 그 재물이 없어질 때에 그들이 너희를 영주할 처소로 영접하리라."

이 본문의 표준새번역은 개역 개정판과 크게 다르지 않지만, 공동번역의 경우는 "불의의 재물"에 대한 번역이 조금은 다르게 되어 있다: "불의한 재물로 친구를 사귀어라. 그래서 그 재물이 없어질 때에, 그들이 너희를 영원한 처소로 맞아들이게 하여라"(표준새번역); "그러니 잘 들어라. 세속의 재물로라도 친구를 사귀어라. 그러면 재물이 없어질 때에 너희는 영접을 받으며 영원한 집으로 들어갈 것이다."

이러한 한글 번역본들을 살펴보면, 이 본문에서 문제가 되는 것이 "불의의 재물"로 번역된 헬라어 '마모나 테스 아디

키아스'라는 표현임을 금방 알 수 있다. 개역 개정판과 표준 새번역은 헬라어 원문에 충실하게 이를 "불의의 재물" 또는 "불의한 재물"로 옮기고 있다. 반면에 공동번역은 이를 "세속의 재물"로 번역함으로써 이 표현이 본래 의도하는 바를 독자들에게 쉽게 전달하고자 한 것으로 보인다.

영어 성경의 경우에도 상황은 비슷하다. 헬라어 원문을 비교적 원의(原義)에 가깝게 번역한 것으로 알려진 NASB 영어 성경은 이 표현을 "the wealth of unrighteousness"로 옮기고 있다. 이러한 번역은 우리나라의 개역 개정판이나 표준새번역과 크게 다르지 않다. RSV의 개정판인 NRSV의 "dishonest wealth" 도 마찬가지이다. 반면에 NIV의 "worldly wealth"라는 번역은 우리나라의 공동번역과 비슷하게 "불의의 재물"이라는 표현을 독자들의 이해를 돕기 위하여 의역한 것이라 할 수 있다.

이처럼 다양한 번역 성경들의 비교를 통해서 우리는 한 가지 중요한 사실을 발견할 수 있다. 그것은 곧 "불의의 재물"이라는 표현에 세상 재물에 대한 예수님의 생각과 판단이 개입되어 있음이 분명하다는 점이다. 우리가 세상에서 소중히 여기는 세상 재물이라는 것이 본질적으로 불의한 것이요 세속적이라는 판단이 그렇다. 따라서 "불의의" 또는 "불의한"이라는 수식어는 세상 재물의 본질과 속성을 규정하는 표현이라 할 수 있다. 그 까닭에 공동번역과 NIV는 독자들의 이해를 돕기 위해 이를 제각기 "세속의 재물"과 "worldly wealth"로 알기 쉽게 번역한 것이다.

세상 재물이라는 것이 이렇듯이 불의하고 부정직한 속성을 가지고 있음에는 틀림이 없지만, 그렇다고 해서 재물의 소유 자체가 불의하고 세속적인 것은 아니다. 무릇 재물이라는 것은 그것에 대한 인간의 태도와 행동에 따라서 그 의미가 달라지게 마련이다. 이를테면 바로 이어서 나오는 "부자와 나사로의 비유"(눅 16:19-31)나 누가복음 12장에 나오는 어리석은 부자의 비유 또는 18장의 부자 관리 이야기 등이 그 점을 잘 설명해 주고 있다. 세상 재물이라는 것은 그것을 어떻게 사용하느냐가 중요하다는 얘기다. 그것을 얻기 위한 과정 자체도 정직하고 투명해야 하겠지만 말이다.

모름지기 하나님의 사람들은 세상 재물에 대한 과도한 욕심을 이겨내야 하며, 의롭고 떳떳한 방법으로 재물을 모아야 하고, 자신에게 있는 재물은 어떤 형태로든 주님과 이웃을 위하여 선하게 사용해야 할 것이다. 인간의 생명이 그 소유의 넉넉한 데 있지 않고(눅 12:15), 부자가 천국 가는 게 낙타가 바늘구멍으로 들어가는 것만큼이나 어렵다는 주님의 말씀(마 19:24; 막 10:25; 눅 18:25)을 염두에 두면서 말이다.

출애굽 해방의 참된 의미

십자가의 복음은 세상의 모든 사람들에게 선포되어야 하는 것이지만 기독교인의
사랑의 실천은 일차적으로 억눌린 자들을 위하는 삶으로 나타날 수밖에 없다.

민족 해방의 날, 8.15 광복절은 이스라엘 민족의 출애굽 해방과 상당한 유사성을 가지고 있다. 이 점에서 우리는 출애굽 해방이 오늘의 우리에게 던져주는 의미를 새롭게 살펴볼 필요가 있다. 주지하는 바와 같이, 출애굽 해방은 신약성서의 십자가 사건에 상응하는 구약 사건으로서 매우 중요한 의미를 갖는다. 이 사건은 한마디로 말해서 고통과 억압의 땅 애굽에서 해방된 사건을 지칭하는 것으로, 그것은 전적으로 하나님의 구원 은총에 이해서 이루어진 것이다.

이 사건은 또한 이스라엘 자손이 하나님의 백성으로서의 자기 이해 또는 자기 정체성(identity)을 확립하는 데 가장 크게 기여한 사건들 중의 하나이다. 이 사건의 중요성은 출애굽

이라는 주제가 구약(120여 회)과 신약에 걸쳐서 계속해서 다시 나타난다는 사실을 통해 뒷받침된다. 출애굽 해방이 갖는 신학적인 의미를 관련 본문들을 중심으로 연구해보면, 크게 두 가지의 중심 개념이 나타남을 볼 수 있다.

먼저 출애굽 해방을 설명하는 본문들은 한결같이 하나님의 구원이 그의 '헤세드'(자비 또는 사랑, covenant love)에 기초하고 있음을 밝히고 있다. 이는 출애굽 본문들 속에서 하나님이 약하고 힘없는 자들의 탄식과 부르짖음을 들으시는 분이라는 사실로 구체화된다. 예로써 출애굽기 2:23-24를 보면 다음과 같은 표현이 나타난다: "… 이스라엘 자손은 고된 노동으로 말미암아 탄식하며 부르짖으니 그 고된 노동으로 말미암아 부르짖는 소리가 하나님께 상달된지라. 하나님이 그들의 고통 소리를 들으시고…" 출애굽기 3:7-9 역시 마찬가지이다: "여호와께서 이르시되… 그들이 그들의 감독자로 말미암아 부르짖음을 듣고… 이스라엘 자손의 부르짖음이 내게 달하고…"(6:5; 민 20:16; 신 26:6-8; 느 9:9 등도 참조).

이들 본문에서 하나님이 이스라엘의 탄식과 부르짖음을 들으셨다는 것은 무엇을 의미하는가? 그것은 바로 출애굽의 구원과 해방을 의미하는 것이다. 다시 말해서 출애굽 해방은 아무런 계기 없이 이루어진 것이 아니라 이스라엘의 신음소리를 통해서 촉발되었다는 것이다. 역사의 주(主)이신 하나님은 힘없고 약한 자들의 부르짖음을 들으시고 그들을 억압과 속박으로부터 건지시는 분이라는 사실이 여기서 드러난다. 그러나 출애굽 해방의 의미는 이것만으로 끝나지 않는다. 하나님께서 그러한 자들을 건지시고 구원하시는 목적이 무엇인지를 아는 것이 사실은 더욱 중요하다.

출애굽 해방의 목적은 그것이 수평적인 차원과 수직적인 차원을 공유하고 있다는 데에서 분명하게 드러난다. 출애굽 해방이 갖는 이러한 양면성은 모세가 바로에게 가서 전해야 하는 말 속에 잘 나타나 있다. 모세가 바로에게 가서 해야 할 말들(출 3:12,18; 4:23; 5:1,3; 7:16; 8:1,20; 9:1,13; 10:3)을 한마디로 요약하자면 "내 백성을 보내라. 그들이 나를 섬길 것이니라"는 메시지였다. "내 백성을 보내라"가 수평적인 차원, 곧 사회-정치적인 차원에서의 구원과 해방을 의미한다면, "그들이 나를 섬길 것이니라"는 수직적인 차원, 곧 종교적이고 신앙적인 차원을 의미한다.

요컨대, 출애굽 해방은 사회-정치적인 해방을 거쳐 종교적이고 신앙적인 해방에 도달하는 것을 그 목적으로 하고 있다. 다시 말해서 출애굽 해방은 궁극적으로는 이집트의 잡다한 신들을 섬겨야 하는 종교적인 강압 상태에서 벗어나 그들을 건져 주신 야웨 하나님을 자유롭게 섬기게(또는 예배하게)하는 목적을 가지고 있다는 말이다. 우리가 잘 아는 바와 같이, 출애굽기에 있는 시내 산 언약과 성막 건축 및 레위기에 규정된 각종 제사법과 성결법들은, 하나님의 은혜로 구원을 얻은 이스라엘이 어떻게 하나님을 섬겨야 하는지를 구체적으로 지시해주는 규범들이 아니겠는가!

출애굽 해방이 갖는 이상의 의미는 오늘의 교회와 기독교인들에게도 그대로 적용된다. 기독교인들은 억울한 고통으로 인해 탄식하면서 부르짖는 이웃들을 돌아보는 데 좀 더 많은 관심을 기울일 필요가 있다. 십자가의 복음은 남녀노소 빈부귀천을 막론하고 세상의 모든 사람들에게 선포되어야 하는 것이지만 기독교인의 사랑의 실천은 일차적으로 억눌린 자들을 위하는 삶(눅 4:17-19)으로 나타날 수밖에 없다.

이것을 보다 구체적으로 표현한다면, 교회와 기독교인들은 억눌린 이웃들을 고통과 신음 속에서 건져주려고 노력하되, 하나님께서 그들의 부르짖음을 들으시고 하나님이 그들을 구원하실 것임을 선포하여 마침내는 그들로 하여금 기쁜 마음으로 하나님을 섬기게 해야 하는 것이다. 단순히 억눌린 이웃을 고통과 질곡으로부터 건져내는 것만으로는 진정한 출애굽 사건이 성취되지 못한다. 수평적인 차원에서의 해방을 수직적인 해방의 차원으로 연결시켜주지 못한다면 그것은 기독교적인 것이라고 할 수 없다.

무릇 억눌린 이웃을 위한 기독교인들의 모든 노력은 반드시 하나님을 섬기게 하는 차원으로 연결되어야만 하는 것이다. 한국 교회와 성도들은 바로 이 점을 염두에 두면서 감사와 기쁨과 사랑이 넘치는 8.15 광복을 생각해야 할 것이다.

스스로를 높이지 말라

스스로를 크다고 생각하는 자는 주위 사람들에게 악취를 풍기는 자요
역겨운 냄새를 풍기는 자이다.

"자대시 일개취자"(自大是 一個臭字)라는 한자 숙어가
있다. 이 숙어의 문자적인 의미는 매우 간단하다. 스스로
"자"(自)와 클 "대"(大)가 합쳐지면 한 개의 냄새날 "취"(臭)자
가 만들어진다는 것이 그렇다. 그러나 이 숙어의 문자적인 의
미를 조금 더 깊이 생각해보면, 그 의미가 그렇게 간단하지만
은 않다는 점을 금방 알 수 있다. "스스로(自)를 크다(大)고 생
각하는 사람은 냄새나는(臭) 사람이다"라는 조금은 색다른 교
훈이 마음속에 들어오기 때문이다.

우리는 이 한자 숙어에 담겨 있는 교훈을 일상생활 속에
서 늘 경험하며 산다. 가까운 예로 우리는 때때로 남들보다
똑똑하고 잘난 사람, 그리고 세상적으로 잘나가거나 크게 성

공한 사람들을 부러워한다. 부러워할 뿐만 아니라 자신을 그렇게 보이게 하기 위해 허세를 부리는 때도 종종 있다. 그러나 똑똑하고 잘났기에 세상적으로 성공하고 잘나가는 것을 부러워하는 사람치고 제대로 된 사람은 그렇게 많지 않은 것 같다. 그리고 크게 보이기를 좋아하는 사람치고 냄새나지 않는 사람도 별로 없는 것 같아 보인다.

성경은 이것에 대하여 어떠한 가르침을 주고 있는가? 구약의 잠언 기자는 하나님이 겸손한 자에게는 은혜를 베푸시지만 스스로를 높이는 자, 곧 거만한 자는 비웃으실 것이라고 말한다(잠 3:34). 그런가 하면 사람의 마음속에 있는 겸손은 그 사람을 존귀하게 만들어줄 것이지만, 그의 마음속에 있는 교만은 그를 쉽게 멸망에 빠뜨린다고 가르치기도 한다(잠 18:12). 야고보서는 잠언 3:34의 말씀을 그대로 받아 하나님이 교만한 자를 물리치시고 겸손한 자에게 은혜를 주신다고 말한다(약 4:6). 같은 맥락에서 베드로는 자신을 높이는 사람을 하나님께서 대적하신다고까지 말한다(벧전 5:5).

그렇다면 예수님은 이에 대해서 어떠한 교훈을 주셨을까? 마가복음 9:33-37에 그 해답이 있다. 예수님은 가버나움의 집에 계실 때에 제자들이 길에서 서로 토론한 것이 무엇인지를 물으셨다. 그러자 그들은 예수님의 책망이 두려워 아무 말도 하지 못했다. 그들이 길에서 "누가 크냐?"고 쟁론한 것을 알고 있던 예수님은 누구든지 첫째가 되고자 하면 뭇 사람의 끝이 되고 뭇 사람을 섬기는 자가 되어야 한다고 하시면서, 어린 아이 하나를 영접함이 곧 예수님과 하나님을 영접함이라고 말씀하셨다. 예수님의 이 말씀은 사실상 어린 아이 같이 자신을 낮추는 자가 진정으로 큰 자라는 말씀으로 제자들을 책망하신 것이나 다름이 없다.

이상의 말씀들에 비추어볼 때, 자신을 크게 보이려고 하거나 자신을 높이는 사람은 하나님을 대적하는 자라는 말이 된다. 물론 하나님을 대적하는 자의 마지막은 결코 가볍지가 않다. 우리는 그 실례를 사도행전 12:20-23에 언급된 헤롯 왕의 죽음에서 확인할 수 있다. 헤롯은 왕복을 입고서 백성들에게 연설하던 중에 "이것은 신의 소리요 사람의 소리가 아니다."라고 외치는 그들의 말을 들었다. 그는 백성들에게서 받은 그 모든 영광을 하나님께 돌려야 함에도 불구하고 그렇게 하지 않았다. 도리어 그는 하나님께 돌려 드려 마땅한 영광을 자신이 직접 취함으로써 자신을 하나님처럼 높이는 잘못을 범하였다. 그 결과 그는 대적하시는 하나님의 심판을 받아 벌

레에게 먹혀 죽는 비참한 최후를 맞고 말았다.

　다시금 강조하거니와, 스스로를 크다고 생각하는 자는 주위 사람들에게 악취를 풍기는 자요 역겨운 냄새를 풍기는 자이다. 이것은 신앙생활하는 자에게도 똑같이 적용되는 메시지가 아닐 수 없다. 하나님과 사람 앞에서 자신을 높이는 행동은 냄새나는 것일 뿐만 아니라 하나님이 싫어하시는 것임이 분명하기 때문이다. 이 점을 잘 아는 그리스도인이라면 하나님 앞에서나 사람 앞에서 항상 자신을 낮추는 연습을 게을리하지 말아야 할 것이다.

　더 나아가서 예수 믿는 사람은 누구나 주위 사람들에게 향기를 발하고 살아야 마땅하다. 바울 사도가 고린도 교회 성도들에게 강조한 것처럼, 예수 믿는 사람은 구원받는 자들에게나 망하는 자들에게나 하나님 앞에서 그리스도의 향기로 자신을 드러내야 마땅하기 때문이다(고후 2:15). 그런데 그 반대로 그리스도인들이 주변 사람들에게 안 좋은 냄새만을 풍기고 산다면 그 얼마나 주님께 욕된 일이겠는가! 그 까닭에 그리스도인들은 늘 자신을 낮추면서 살아야 하고, 그럼으로써 주위 사람들에게 그리스도의 향기를 발하면서 주님의 이름으로 승리하는 삶을 살아야 하는 것이다.

버리는 사랑

사랑은 참으로 버리는 것, 더 가지지 않는 것. 이상하다 동전 한 닢.
움켜잡으면 없어지고 쓰고 빌려주면 풍성해져 땅 위에 가득 차네.

그리스도인들에게 가장 많이 강조되는 신앙 덕목과 품성이 사랑임을 부정할 사람은 이 세상에 하나도 없을 것이다. 그리고 그 사랑이 어떠한 성격의 것인지를 모르는 사람도 거의 없을 것이다. 그러나 정작 그 사랑을 자신의 말과 언어로 설명을 해보라고 하면 많은 사람들이 쉽게 답을 주지 못한다. 아니면 정반대로 매우 다양한 답이 주어지기도 한다.

그런데 흥미롭게도 오래전에 불렸던 찬양곡 중에 성경이 그 사랑이 어떠한 것인지를 아주 쉽게 설명한 노래가 있다. <사랑은 참으로 버리는 것>이라는 노래가 그렇다. 이 노래의 가사를 적어 보면 다음과 같다: "사랑은 참으로 버리는 것, 버리는 것, 버리는 것. 사랑은 참으로 버리는 것, 더 가지지 않는 것. 이상하다 동전 한 닢. 움켜잡으면 없어지고 쓰고 빌려주면 풍성해져 땅 위에 가득 차네… 사랑은 참으로 버리는 것, 더 가지지 않는 것."

한마디로 말해서 사랑은 버리는 것이요, 더 가지지 않는 것이라는 얘기다. 틀린 말이 아니다. 사랑은 참으로 자신이 가지고 있는 모든 것을 아낌없이 남에게 주는 것이다. 남에게 다 주고도 전혀 아까워하지 않는 것이다. 시각을 달리해서 본다면, 사랑은 희생하고 포기함으로써 남을 섬기는 것이라고 할 수 있다. 하나님이 하나밖에 없는 아들을 우리에게 내어주신 것은 바로 그러한 사랑을 그가 우리에게 친히 보여주셨음을 의미한다.

요한복음 3:16에 의하면, 하나님이 세상(인간)을 위해 하나밖에 없는 아들을 버리시고 내어주신 것은 그가 그 세상을 너무도 사랑하셨기 때문이다. 실제로 예수님은 십자가에서 운명하기 직전에 "나의 하나님, 나의 하나님, 어찌하여 나를 버리셨나이까?"('엘리 엘리 라마 사박다니')라고 탄식해마지 않으셨다(마 27:46; 막 15:34). 하나님은 죄인 된 인간을 구원하기 위해 자신의 가장 사랑하는 아들인 독생자를 아낌없이 버리신 것이다.

바울 사도 역시 갈라디아서 2:20에서 다음과 같이 고백한다: "내가 그리스도와 함께 십자가에 못 박혔나니, 그런즉 이제는 내가 사는 것이 아니요, 오직 내 안에 그리스도께서 사시는 것이라. 이제 내가 육체 가운데 사는 것은 나를 사랑하사 나를 위하여 자기 자신을 버리신 하나님의 아들을 믿는 믿음 안에서 사는 것이라." 바울의 이 고백에서도 하나님의 사랑은 "버리는 것"으로 규정되고 있지 않은가!

사랑이 버리는 것임을 밝히고 있는 이상의 본문들에 의하면, 하나님은 가장 값지고 소중한 것을 우리에게 거저 주심으로써 자신이 우리 인간을 얼마나 사랑하고 계시는가를 구체적으로 입증하신 분이다. 하나님의 이러한 사랑은 우리 인간, 더 정확하게는 그리스도인들이 하나님과 이웃에게 실천해야 할 사랑의 모범이 어떠한 것인지를 분명하게 보여준다.

그리스도인은 하나님의 버리시는 사랑을 직접 체험한 사람들이기 때문에 그 사랑에 매이지 않을 수 없다. 진정한 그리스도인이라면 당연히 이러한 사랑을 남에게 베풀어야 한다. 만일에 어떤 그리스도인이 자신은 그러한 사랑을 전혀 느껴보지 못했다고 말한다면, 그는 더 이상 그리스도인이라고 불릴 자격을 가지고 있지 못한 셈이다.

하나님의 버리는 사랑은 말로만 되는 것이 결코 아니다. 사도 요한이 말한 것처럼, 거기에는 반드시 "행함과 진실함"이 뒤따라야 한다(요일 3:18). 그러기 위해서는 무엇보다도 자신의 모든 소유에 대한 지나친 애착, 곧 탐욕을 버려야 한다. 자신에게 있는 모든 것이 하나님의 것이라는 청지기 의식이 필요하다는 말이다.

그 다음에 필요한 것은 자신의 이웃에 대한 따뜻한 애정과 관심이다. 예수님이 영생을 물으러 온 한 부자 청년에게 요구하신 것이 바로 이것이었다. 그는 십계명을 잘 지켰다고 자신 있게 말하는 그 부자 청년에게 한 가지 부족한 것이 있다고 말씀하시면서, 만약에 온전한 하나님의 사람이 되기를 원한다면, 먼저 자신의 소유(재물)를 팔아 가난한 자에게 주어야 한다고 말씀하셨다(마 19:21; 막 10:21; 눅 18:22).

그러나 재물을 많이 가지고 있던 이 청년이 근심하며 되돌아간 것에서 보듯(마 19:22), 자신의 소유를 팔아 가난한 자에게 준다는 것은 아무나 할 수 있는 일이 아니다. 그 일을 하기 위해서는 무엇보다도 자신의 재물에 대한 욕심이 없어야 하기 때문이다. 뿐만 아니라 그 일은 가난한 이웃을 향한 따뜻한 사랑과 관심이 가슴에 넘치지 않고서는 도무지 실천할 수 없는 일이기 때문이다. 버리는 사랑을 실천하는 일은 참으로 그리스도인으로서 자기 십자가를 짊어질 각오를 확실히 할 때라야 가능한 일이요(마 16:24), 약한 이웃을 섬기려는 주님의 마음이 없다면 도무지 이루어질 수 없는 일인 것이다.

하나님이 이루시는 평화 통일

사람들의 마음이 나누어지고 분열과 갈등에 사로잡혀 있다면 통일은
불가능할 수밖에 없다. 서로 물고 먹으면 피차 망하는 길만이 있을 뿐이다.

지난 2000년 6월 13일(화)에 있었던 일이 지금도 생각난
다. 평소처럼 학교 수업을 끝내고 저녁에 집에 들어갔더니,
지금은 강원도 철원에서 군 복무 중인 막내 녀석이 흥분한 목
소리로 "아빠, 우리나라가 통일됐대!"라고 인사를 했다. 그때
만 해도 김대중 대통령과 김정일 국방위원장이 만날 것이라
는 얘기만 들었었기에 처음에는 어안이 벙벙했다. 나중에 TV
뉴스를 보면서 어린 막내 녀석이 왜 그렇게 말했는지를 알 수
있었다.

당시에 사람들은 전쟁의 위험이 완전히 사라지고 금방
이라도 평화로운 민족 통일이 이루어질 것만 같은 벅찬 기대
감을 가졌었다. 그러나 현실은 그렇지 못했다. 강산이 변한다

는 10년의 세월이 훌쩍 지났음에도, 민족 통일에 대한 기대감과 희망은 남북 정상회담 이전과 비교해볼 때 조금도 나아진 것이 없어 보인다. 남북 관계는 경색되어 있고, 북한 주민을 위한 인도적인 차원의 대북 지원조차도 막혀 있다. 그때의 흥분과 감동은 어디론가 사라지고 없다. 평화 통일이 언제 이루어질지에 대한 막연한 기대감조차도 사람들의 마음을 떠난 지 오래이다.

이처럼 어려운 시기에 구약 시대의 무수한 인물들 중에서 통일 문제에 누구보다도 깊은 관심을 가졌던 에스겔의 통일 비전을 다시금 살펴보지 않을 수 없다. 하나님이 이스라엘의 회복과 남북 왕국 통일의 환상(겔 37:15-23)을 유독 그에게 보여주신 것은 민족 통일에 관한 강한 열심과 비전이 그에게 있었기 때문이다.

해골 골짜기 환상 직후 에스겔에게 주신 이 환상에서 하나님은 앗수르와 바벨론에 망한 이스라엘 나라가 회복될 것인데, 분열된 나라 그대로 회복되는 것이 아니라 통일된 한 나라로 회복될 것이라고 말씀하신다. 이를 분명하게 보여주기 위해 하나님은 에스겔에게 막대기 두 개를 취하여, 한 막대기에는 남왕국 유다를 쓰고 다른 막대기에는 북왕국 이스라엘을 쓰고, 그 둘을 합쳐 하나가 되게 하라고 말씀하신다.

이것은 하나님이 이스라엘을 통일된 나라로 회복시키실 것임을 보여주는 상징적인 행동이다. 19절에 그 의미가 잘 설명되어 있다: "너는 곧 이르기를 주 여호와께서 이같이 말씀하시기를, '내가 에브라임의 손에 있는 바 요셉과 그 짝 이스라엘 지파들의 막대기를 가져다가 유다의 막대기에 붙여서 한 막대기가 되게 한즉, 내 손에서 하나가 되리라' 하셨다 하고."

22절도 마찬가지이다: "그 땅 이스라엘 모든 산에서 그들이 한 나라를 이루어서 한 임금이 모두 다스리게 하리니, 그들이 다시는 두 민족이 되지 아니하며 두 나라로 나누이지 아니할지라." 하나님의 이러한 말씀은 결국 이스라엘이 둘로 나누어져 있었으나, 이제 앞으로는 하나님의 은총에 힘입어 하나로 통일되어 한 임금의 다스림을 받게 될 것을 의미한다.

에스겔이 본 이 환상에서 우리는 두 가지의 중요한 교훈을 얻게 된다. 그 첫 번째 교훈은 이스라엘을 하나 되게 하는 일이 전적으로 하나님에 의해서 이루어진다는 점이다. "내가 … 하나 되게 하겠다."라고 말하는 19절과 22절의 동일한 표현이 이를 잘 보여준다. 통일을 위한 구체적인 노력은 사람이

할 것이고 또 마땅히 그렇게 해야 한다. 그러나 궁극적으로 통일을 이루시는 분은 하나님이시다. 뒤집어서 얘기하자면 하나님의 도우심과 은혜가 없다면 통일은 불가능하다는 것이다.

둘째로 이스라엘의 통일은 단순히 한 임금을 세우고 한 지도자의 다스림을 받는 데 있는 것이 아니라, 백성 전체가 하나가 될 때 비로소 가능한 것이다. 우리나라의 경우도 예외가 아니다. 남북 지도자들의 마음이 하나가 된다고 해서 통일이 되는 것은 결코 아니다. 백성들 모두가 하나가 되고 한 마음을 가지게 될 때 비로소 통일이 완성된다. 나라 전체가 하나가 되어야 한다는 얘기다. 사람들의 마음이 나누어지고 분열과 갈등에 사로잡혀 있다면 통일은 불가능할 수밖에 없다. 서로 물고 먹으면 피차 망하는 길만이 있을 뿐이다(갈 5:15).

하나님은 우리가 하나 되기를 원하신다. 통일은 하나님의 뜻인 것이다. 에스겔도 예언의 말씀을 통해서 그 점을 분명하게 밝히고 있다. 이스라엘이 언젠가는 하나가 되어야 하는 것처럼 우리 민족도 언젠가는 하나가 되어야만 하는 것이다. 그 까닭에 이 땅의 교회와 성도들은 민족 지도자들의 마음이 하나가 되고 우리 민족 전체의 마음이 하나가 되게 해달라고 하나님께 열심히 간구해야만 한다.

남북 지도자들이 마음을 비우고서 자주 만나 대화를 함과 아울러, 분단국가의 상처를 안고 있는 이 민족의 마음이 하나가 되게 해달라고 하나님께 더욱 적극적으로 매달리지 않으면 안 된다. 더 나아가서 북한에 있는 동포들도 그리스도 안에서 한 형제요, 한 식구들이라는 생각을 가지고서, 극심한 경제난과 식량난에 시달리는 북한 동포들을 생명 존중의 신앙과 이웃 사랑의 정신으로 섬김으로써 그들과 하나 되는 일에도 소홀함이 없어야 할 것이다.

위로의 선물

사람들은 무엇보다도 슬픔과 애통을 통해서 하나님을 발견케 된다.
하나님께 유일한 희망이 있으며 자신이나 세상에게는 희망이 없음을 발견한다.

산상수훈에 나오는 팔복의 두 번째는 요즘 사람들이 이해하기 어려운 특이한 교훈을 담고 있다. 애통하는 자가 행복할 것이요, 하나님께로부터 위로를 받을 것이라는 가르침이 그렇다(마 5:4). 야고보서 4:8-9(특히 9절)는 이와 관련하여 다음과 같은 교훈을 준다: "하나님을 가까이 하라. 그리하면 너희를 가까이 하시리라. 죄인들아, 손을 깨끗이 하라. 두 마음을 품은 자들아, 마음을 성결하게 하라. 슬퍼하며 애통하며 울지어다. 너희 웃음을 애통으로, 너희 즐거움을 근심으로 바꿀지어다."

성서의 이러한 가르침과는 달리 세상 사람들은 웃는 자, 즐거워하는 자에게 복이 있다고 말한다. "일소일소 일노일

노"(一笑一少 一怒一老)라는 한자 숙어도 있다. 그런가 하면 "웃는 낯에 침 뱉으랴?"라는 우리말 속담도 있다. 그러나 지나치게 웃고 즐기는 삶을 추구하게 되면 향락주의, 소비주의로 연결될 가능성이 높다. 그런데 예수께서는 역설적이게도 애통하는 자, 슬퍼하는 자에게 복이 있다고 가르친다. 키에르케고르가 말한 역설(paradox)이 여기에서도 발견된다.

예수께서 말씀하신 애통에는 세 가지 차원이 포함되어 있다. 첫째로, 일반적인 의미에서 볼 때 애통은 모든 인간 개개인이 자신의 삶을 통해서 경험하는 슬픔을 가리킨다. 이를테면 사랑하는 사람들, 부모형제, 친구, 애인, 배우자 등과 이별한 후에 느끼는 아픈 마음이 그렇다. 오래전에 극장에서 상영되었던 《사랑과 영혼》이라는 영화를 보면 그러한 아픔을 실감나게 느낄 수 있다.

창세기 37:33-34(특히 34절)에서 야곱이 요셉을 잃고서 애통하는 것도 마찬가지이다: "아버지가 그것을 알아보고 이르되, '내 아들의 옷이라. 악한 짐승이 그를 잡아먹었도다. 요셉이 분명히 찢겼도다' 하고, 자기 옷을 찢고 굵은 베로 허리를 묶고 오래도록 그의 아들을 위하여 애통하니, 그의 모든 자녀가 위로하되 그가 그 위로를 받지 아니하여 이르되, '내가 슬

퍼하며 스올로 내려가 아들에게로 가리라' 하고 그의 아버지
가 그를 위하여 울었더라."

사람들은 일반적으로 슬픔을 통해서 보다 성숙해지는
경험을 한다. 그래서인지 전도자는 지혜자의 눈이 잔치 집에
있지 않고 상가 집에 있다고 말한다: "지혜자의 마음은 초상
집에 있으되 우매한 자의 마음은 혼인집에 있느니라"(전 7:4).
애통하는 순간은 이제까지 믿었던 모든 것들이 무너지는 순
간이다. 절망의 순간이다. 그러나 긍정적인 측면도 있다. 눈
물을 흘려보기 전에는 전혀 몰랐던 것들을 눈물을 흘림으로
써 발견하게 되기 때문이다. 가장 먼저 자신을 발견하게 된
다. 순수한 자기 모습을 보게 되고, 존재의 깊이를 인식하게
된다.

사람들은 눈물과 애통을 통해서 참된 친구를 발견하기
도 한다. 기뻐할 때 함께 떠들고 흥겨워하던 친구가 참된 친
구가 아니라 애통이나 슬픔을 이해하고 그에 동참하는 친구
가 참된 친구임을 알게 된다. 그리고 사람들은 무엇보다도 슬
픔과 애통을 통해서 하나님을 발견케 된다. 자신이 무의탁자
요 고아와 같은 자요 파산자요 사형수임을 알게 된다. 하나님
께 유일한 희망 있음을 깨닫는다. 자신이나 세상에게는 희망

이 없음을 발견한다.

　　애통의 두 번째 차원은 자기 자신에 대한 애통이라 할 수 있다. 이것은 곧 하나님 앞에서의 회개를 의미한다. 바리새인과 세리의 기도(눅 18:9-14)에서 보듯이 회개(애통)의 깊이와 은혜의 높이는 반비례한다. 다윗은 밧세바 사건(삼하 11장) 이후 나단의 책망을 들었을 때에 밧세바를 탓하기보다는 자신의 죄를 책망하면서 애통해 한다(삼하 12장). 그는 참으로 눈물의 왕이었다. 눈물과 애통은 지혜, 권력, 용기, 재능 등보다 소중한 왕의 덕목이다. 이사야 6장에 있는 이사야의 애통함도 같은 맥락에서 이해할 수 있다. 신약 시대 초기의 오순절 때에는 베드로가 설교하자 3천 명이나 되는 사람들이 회개하는 놀라운 일이 벌어지기도 한다(행 2:37).

　　애통의 세 번째 차원은 세상을 향한 애통을 일컫는다. 예레미야 4:19에 그것이 잘 반영되어 있다: "슬프고 아프다. 내 마음속이 아프고 내 마음이 답답하여 잠잠할 수 없으니, 이는 나의 심령이 나팔 소리와 전쟁의 경보를 들음이로다." 예레미야는 죄로 사무친 세상, 하나님의 두려운 심판, 멸망 받을 도성, 백성 등을 보면서 마음 아파했다. 참으로 그는 눈물의 예언자였다. 물론 자신의 동족과 친구와 이웃을 보면서 애통하는 것은 사랑이 있어야 가능한 일이다. 믿음과 소망과 사랑의 사도였던 바울은 로마서 9:2에서 동족을 향한 자신의 근심과 고통을 토로한 적이 있다. 사랑으로 충만하신 예수께서는 나사로의 죽음을 애통해 하셨으며, 인류를 위한 애통으로 인하여 십자가에서 목숨을 버리기까지 하셨다.

애통하는 자가 받을 복은 어떠한가? 위로이다. 슬픔과 애통은 그 자체로서 끝나지 않는다. 보혜사 성령을 통한 하나님의 위로가 있다. 그것은 하나님께서 은혜로 주시는 선물이다. 그것은 인간이 스스로 창출해내는 것이 아니며, 세상이 주는 것과는 근본적으로 다른 것이다: "평안을 너희에게 끼치노니 곧 나의 평안을 너희에게 주노라. 내가 너희에게 주는 것은 세상이 주는 것과 같지 아니하니라. 너희는 마음에 근심하지도 말고 두려워하지도 말라"(요 14:27). 애통하는 자에게 주어지는 평안과 기쁨이야말로 가장 소중한 것이다. 하나님의 복인 것이다. 여러분 모두에게 이러한 복이 매일의 삶 속에 넘치기를 간절히 소망한다.

그리스도인과 구제 행위

힘 없고 약한 자들의 부르짖음 소리를 들으시고 그들의 편에서 그들을 보호하시는 하나님의 성품이 그를 믿는 모든 사람들에게 구제를 명하는 것이다.

"가난 구제는 나라도 못한다"는 우리 속담이 있다. 이것은 남의 가난한 살림을 도와주기란 한이 없는 것이어서 개인은 물론 나라의 힘으로도 못한다는 것을 뜻한다. 그런데 이 속담을 가만히 뒤집어 보면 가난이라는 것이 어느 시대 어느 나라에나 있는 보편적인 현상이라는 사실을 금방 알 수 있다. 이와 아울러 이 속담은 가난한 사람들을 도와준다는 것이 얼마나 어려운가를 암시하고 있기도 하다.

이처럼 나라(국가)조차도 하기 어려운 일을 하라고 가르치는 것이 바로 기독교이다. "네 이웃을 네 몸처럼 사랑하라"는 가르침이 그것을 잘 보여준다. 그래서 적지 않은 그리스도인들이 자기 주변에 있는 어려운 이웃을 돕고 구하는 일에 많은 관심을 기울이고 있다. 그러나 아직도 많은 사람들이 남을 구제하는 일에 깊은 관심을 갖지 못한 채로 있다.

어디 그뿐인가. 구제 행위가 그리스도인의 신앙생활에서 어떠한 위치를 차지하는지를 잘 모르는 사람도 많다. 이러한 현상은 한마디로 말해서 그리스도인들이 하나님의 말씀인 성서의 가르침을 도무지 알지 못하는 데서 비롯되는 것이다. 구제에 관한 하나님의 명령이 얼마나 엄위(嚴威)한 것인가를 아는 그리스도인이라면 이웃 사랑의 과제를 그렇게 어수룩하게 넘기지 못할 것이다.

사전적인 의미에서 본다면, '구제'(救濟)라는 것은 일반적으로 무엇인가를 넉넉하게 가지고 있는 사람이 그렇지 못한 사람을 돕는 행동을 뜻한다. 달리 말해서 구제는 힘 있고 부요한 자들이 힘 없고 약한 자들을 돌보고 구해주는 것을 말한다는 얘기다. 이것은 세상에서 사는 모든 사람들의 삶이 처음부터 끝까지 똑같을 수 없다는 것을 전제한다. 가난한 자가 있으면 부한 자가 있게 마련이고 넉넉한 자가 있으면 부족한 자가 있게 마련이다. 이것이 사람 사는 세상인 것이다.

하나님께서 선택한 이스라엘이라고 해서 예외가 될 수는 없다. 비록 하나님의 특별한 구원 은총에 힘입어 사는 백성이요, 하나님의 계명에 의지하여 사는 백성이지만, 그들에게도 다른 나라 백성들에게서와 마찬가지로 많은 문제점들이 있다. 그중의 하나가 바로 가난의 문제였다. 특히 이스라엘이 가나안 땅에 들어가 농사를 짓고 살면서부터는 가난의 문제가 매우 심각한 문제점으로 대두되었다.

그들은 사람의 힘으로는 어찌할 수 없는 요인들, 이를테면 흉년이나 기근 따위의 자연 재해로 인하여 가난해질 수 있었고(신 5:11), 일찍 남편을 잃거나 부모를 잃는 경우에도 가난에 시달릴 수 있었다. 아니면 부자나 힘 있는 자들의 지나친 탐욕에 희생되어 가난해질 수도 있었다(암 2:6-8; 사 5:8; 미 2:1-2 등). 그러나 긍휼에 풍성하신 하나님께서는 이처럼 가난하게 된 자들을 그냥 내버려두지 않으신다. 왜냐하면 가난한 자들도 부요한 자들과 똑같이 하나님의 형상을 따라 지음 받은 자들이요, 똑같이 하나님의 생명을 선물로 받은 자들이기 때문이다.

따라서 가난한 사람을 구제하라는 명령은 힘 없고 약한 자들의 삶과 생명을 소중히 여기시는 하나님의 긍휼하심에서 비롯된 것이라 할 수 있다(신 10:18). 달리 말해서 힘 없고 약한 자들의 부르짖는 소리를 들으시고 그들의 편에서 그들을 보호하시는 하나님의 성품이 그를 믿는 모든 사람들에게 구제를 명하는 것이다(잠 19:17; 21:13). 물론 당연히 구제를 해야 할 사람들은 넉넉하게 많이 가지고 있는 사람들이다. 가난한 자들을 구제하는 데 인색함이 없었던 동방의 욥이 상당한 부자였다는 것이 이를 보여준다(욥 1:3; 29:12-20; 31:16-21).

그렇다면 만일에 다른 사람들보다 많이 가지고 있는 사람들이 하나님의 뜻을 거역하여 구제에 무관심할 경우에는 어떻게 되는가? 그런 사람들은 자기가 가지고 있는 온갖 재물이 하나님께로부터 온 것이라는 사실을 망각하고 있는 사람들로서, 온전한 신앙인이라고 말할 수 없을 것이다. 자신의 것이 아닌 "하나님의 것"을 잘 관리하지 못한 것도 문제지만, 마땅히 자신의 유여(有餘)한 것으로 어려운 이웃을 구제해야 함에도 불구하고 하나님의 법에 불순종했으니, 어찌 죄가 없다고 할 수 있겠는가! (출 22:22-27; 신 15:9; 24:14-15)

너희가 짐을 서로 지라

그리스도인이라면 누구나 자신과 관련되어 있는 공동체를 위하여 하나님이
부르신 사회적인 삶의 목표를 향해 나아가야 할 책임을 지고 있는 것이다.

주전 4세기에 고대 그리스에서 활동했던 뛰어난 철학자 아리스토텔레스(Aristoteles)는 인간을 일컬어 "사회적인 동물"(a social animal)이라 칭한 바가 있다. 인간은 결코 고립된 개인으로서는 존재할 수 없으며, 또 그러지도 못한다는 뜻이다. 인간 존재의 사회성 내지는 공동체성을 적절하게 표현한 명언이 아닐 수 없다.

1719년에 영국 사람 다니엘 디포(Daniel Defoe)가 발표한 유명한 소설《요크의 선원 로빈슨 크루소의 삶과 이상하고 놀라운 모험 *The Life and Strange Surprising Adventures of Robinson Crusoe of York*》도 마찬가지이다. 세간에《로빈슨 크루소의 모험》으로 알려진 이 장편소설은, 이 세상의 어떠한 인간도 무인도 같은

데서 일평생 외롭게 살아갈 수 없음을 주인공의 굴곡진 삶을 통해 설득력 있게 묘사하고 있다.

그러나 성경처럼 그것을 확실하게 보여주는 책도 없을 것이다. 창세기 1-2장에서부터 그 점이 잘 진술되어 있다. 하나님이 인간을 남녀 한 쌍으로 창조하셨다는 사실이 그렇다. 아담을 먼저 창조하셨던 하나님께서는 "사람이 혼자 사는 것이 좋지 않음"(창 2:18)을 아시고서, 그의 짝이요 배우자인 하와를 창조하심으로써, 처음부터 인간이 서로 의지하며 신뢰하는 가운데 공동체적인 관계 안에서 살아가도록 하셨던 것이다.

아닌 게 아니라, 혼자 있을 때조차도 인간은 본질적으로 끊임없이 다른 사람들과의 관계 속에서 자신의 삶을 이어간다. 세상의 어느 누구도 일평생 다른 사람들을 만나거나 그들과 관계하지 않은 채로 살아갈 수는 없는 노릇이다. 혼자 있을 때도, 다른 사람들과 같이 있을 때도, 그는 항상 눈에 보이지 않는 관계망 속에 갇혀 있다. 인간은 애초부터 그렇게 창조된 존재이기 때문이다.

그렇지만 인간이 사회적인 동물이라는 명제는 단순히 인간의 사회성이나 공동체성이 모든 인간의 본질을 구성하는 것으로서, 단순히 그가 어떤 공동체에 속해 있다거나 끊임없이 다른 사람들과의 관계 속에서 살아간다는 평면적인 사실만으로 규정되지 않는다. 성경은 이 점을 대단히 강조한다. 하나님의 말씀인 성경은 인간의 사회성이라는 것이 본질의 차원을 넘어서서 그가 속해 있는 공동체를 향한 윤리적이고 규범적인 결단까지를 포함한다고 가르친다.

성경은 처음부터 끝까지 철저하게 공동체(community)의 문제에 관심을 기울이고 있다. 구원을 받아야 할 개개인은 하나님께서 선택하신 공동체의 영역 안에서 비로소 완전한 존재 의미를 갖는다. 구약성경이 기록하고 있는 이스라엘 민족의 역사가 그러하며, 고아와 과부와 나그네 등의 사회적인 약자들을 배려함으로써 사랑과 섬김과 행복이 넘치는 샬롬 공동체를 만들라고 명하는 시내 산 율법 규정들이 그러하다.

하나님 나라가 가까이 왔으니 회개하고 천국 시민이 되어 살라고 설교하신 예수 그리스도의 공생애 사역도 마찬가지이다. 세리와 창기, 그리고 아이들의 친구가 되어주시고, 로마의 압제 아래에서 힘들게 살아가는 유다 백성을 위해 하나님 나라 복음을 선포하신 예수 그리스도의 삶과 설교야말로, 인간의 사회성이 갖는 윤리적이고 규범적인 성격을 신앙의 차원에서 가장 잘 표현하고 있는 것이라 할 수 있다.

이 점에서 본다면, 오늘의 그리스도인들은 자신의 주변 세계 또는 자신이 속한 공동체에 누구보다도 많은 관심을 기울여야 할 책임을 지고 있다 하겠다. 혼자 살아가도록 만들어진 존재가 아닌 이상, 그리스도인이라면 누구나 자신과 직간접적으로 관련되어 있는 공동체를 위하여 하나님이 부르신 사회적인 삶의 목표를 향해 나아가야 할 책임을 지고 있는 것이다. 이에는 크게 두 가지가 있다.

그 하나는, 공동체 내적인 원리에 해당하는 것으로, 그리스도인들 스스로가 하나님 나라 공동체의 훌륭한 구성원이 되기 위해 최선을 다하는 것이다. 이것은 마치 사람의 몸에 있는 여러 지체들이 제 구실을 다함으로써 몸의 건강이 유지되는 것과도 같은 이치이다. 그리고 다른 하나는, 공동체 외적인 원리에 해당하는 것으로, 공동체 소속감이 약한 자들을 예수 그리스도의 사랑으로 붙들어주고 섬겨주는 일이다.

아름다운 하나님 나라 공동체는 이 두 가지 과제를 흐트러짐 없이 잘 수행할 때 이루어진다. 공동체 내적인 차원에서 자기 자신을 올바로 세우는 일, 그리고 공동체 외적인 차원에서 자기 주변의 약한 자들을 튼튼하게 세워주는 일. 이 둘보다 더 소중한 일이 어디에 있겠는가. 이 글을 읽는 여러분도 바울 사도의 다음 말씀을 마음속 깊이 묵상하면서 자신에게 주어진 하나님의 부르심에 최선을 다하기 바란다: "너희가 짐을 서로 지라. 그리하여 그리스도의 법을 성취하라"(갈 6:2).

탄식할 줄 아는 사람

그리스도인은 자신의 죄인 됨과 무능함과 부패함과 불성실함과 불순종함을
끊임없이 하나님 앞에 고백해야 하는 존재인 것이다.

바울 사도는 자신의 편지에서 틈만 나면 성도들에게 주
안에서 기뻐하고 즐거워할 것을 명한 바가 있다: "마지막으
로 말하노니 형제들아 기뻐하라"(고후 13:11); "이와 같이 너희
도 기뻐하고 나와 함께 기뻐하라"(빌 2:18); "끝으로 나의 형제
들아, 주 안에서 기뻐하라"(빌 3:1); "주 안에서 항상 기뻐하라,
내가 다시 말하노니 기뻐하라"(빌 4:4); "항상 기뻐하라"(살전
5:16). 시편 37:4도 이와 똑같은 명령을 내린다: "또 여호와를
기뻐하라. 그가 네 마음의 소원을 네게 이루어주시리로다."

꼭 성경의 이러한 교훈과 명령이 아니라도, 모든 것이 합
력하여 선을 이루도록 이끄시는 하나님의 은혜와 섭리를 믿
는 사람이라면, 당연히 자신의 일상생활 속에서 부닥치는 모

든 일들에 대하여 기뻐하고 즐거워할 수밖에 없다. 그야말로 범사에 감사하는 삶이 가능한 것이다(살전 5:17). 하나님이 하시는 모든 일들에 대하여 믿음으로 감사하고 기뻐하는 것은 어찌 보면 너무도 당연한 일이 아닐 수 없다. 그것은 신앙생활의 기본이나 다름이 없기 때문이다. 적어도 이론적인 측면에서는 그렇다.

그러나 우리가 실제로 현실 속에서 경험하는 일들은 그것이 전부가 아님을 암시한다. 모든 일에 믿음으로 기뻐하고 즐거워하고 감사하는 것만이 신앙생활의 전부가 아니라는 얘기다. 우리는 그 이유를 이스라엘 민족의 찬송 책이었던 시편에서 간접적으로 확인할 수 있다. 150개의 노래들을 담고 있는 시편에서는 찬양이나 감사 외에도 "탄식"이라는 제3의 요소가 대단히 많이 발견된다. 적어도 시편에 있는 노래들 중 삼분의 일 이상이 탄식의 상황을 전제하고 있는데다가, 실제로 깊은 탄식의 언어를 가지고 있는 노래들이 매우 많다는 사실을 우리는 잘 알고 있다.

이러한 사실은 우리에게 어떠한 신앙적인 교훈을 주는 것일까? 그것은 적어도 우리 삶의 삼분의 일이 하나님 앞에서의 탄식으로 이루어져 있으며, 또 마땅히 그렇게 되어야 함을 가르쳐준다. 그렇다고 해서 밤낮 한숨만 쉬고서 살라는 말이 아니다. 탄식할 상황이 아닌 데도 탄식하라는 얘기는 더욱 아니다. 탄식이 절로 나오는 상황이 따로 있다. 이를테면 사람들을 힘들게 하는 고통과 절망, 좌절과 시련 등의 상황이 그러하다.

누구나 다 느끼는 것이지만, 탄식의 내용을 담고 있는 시편의 노래들에서 보듯이, 원수의 핍박이나 질병의 고통, 그리고 실패와 좌절의 경험 등이 이어지는 상황 속에서는 마냥 감사가 나오기 어렵다. 그런 상황에서는 도리어 불평과 원망, 그리고 탄식이 저절로 나오게 마련이다. 사실 이처럼 힘겨운 상황에서의 탄식은 그리스도인이 아니라 하더라도 누구나 보편적으로 경험하는 것이다. 그처럼 정해진 상황에서는 그리스도인도 세상 사람들과 똑같이 탄식하고 절망한다는 얘기다.

이 점에 있어서는 그리스도인이나 세상 사람들 사이에 차이가 없다. 그러면서도 그리스도인에게는 세상 사람들에게서는 찾아볼 수 없는 탄식의 새로운 차원이 있다. 그것은 곧 절망과 고통의 탄식이 종국에는 기쁨과 감사로 이어지게 되어 있다는 점이다. 그리스도인도 실패와 좌절의 상황 속에서는 세상 사람들과 똑같이 고통 속에서 탄식하며 절망하지만, 거기서 무너지지 않고 절망과 고통의 상황을 넘어서는 하나님의 은혜와 섭리를 믿음으로 바라볼 수 있다는 얘기다.

그러나 그리스도인에게는 이것 못지않게 중요한 또 다른 형태의 탄식이 있다. 그것은 자기 존재에 대한 성찰로부터 비롯된다. 쉽게 말해서 그리스도인은 자신의 죄인 됨과 무능함과 부패함과 불성실함과 불순종함을 끊임없이 하나님 앞에 고백해야 하는 존재인 것이다. 꼭 견디기 어려운 고통과 절망의 상황이 있어야 하는 것만은 아니다. 이를테면 예수를 처음 만나 그물이 찢어질 정도로 많은 고기를 잡게 된 베드로가 예수의 무릎 아래 엎드려 "주여, 나를 떠나소서! 나는 죄인이로소이다"(눅 5:8)라고 말하면서 탄식했던 것이 그렇다. 누가복음 18장에 나오는 세리의 탄식하는 모습도 마찬가지이다: "세리는 멀리 서서 감히 눈을 들어 하늘을 쳐다보지도 못하고 다만 가슴을 치며 이르되, '하나님이여, 불쌍히 여기소서! 나는 죄인이로소이다.' 하였느니라"(13절).

진정한 그리스도인은 누구인가? 그는 이사야처럼 "화로다, 나여! 망하게 되었도다. 나는 입술이 부정한 사람이요, 나는 입술이 부정한 백성 중에 거주하면서 만군의 여호와이신 왕을 뵈었음이로다"(사 6:5)라고 탄식하며 울부짖는 자이다. 그는 또한 바울처럼 "죄인 중에 내가 괴수니라"(딤전 1:15)고 탄식하면서, "형제들아, 내가 그리스도 예수 우리 주 안에서 가진 바 너희에 대한 나의 자랑을 두고 단언하노니 나는 날마다 죽노라"(고전 15:31)고 고백할 줄 아는 사람이다. 참된 하나님의 자녀는 베드로처럼, 세리처럼 자신의 부끄러운 모습에 가슴을 치며 탄식하는 사람인 것이다.

이 점에 비추어본다면, 하나님과 사람 앞에서 탄식할 줄 아는 사람은 참으로 겸손하고 온유한 사람임에 틀림이 없다. 그는 자신이 본질적으로 하나님 앞에 죄인이요, 한없이 부족하고 연약한 사람임을 아는 까닭에, 자연스럽게 이웃을 사랑하고 섬기는 삶을 살 수 있다. 그는 자신에게 있는 모든 것이 다 하나님의 것임을 분명하게 알고 있는 까닭에, 자신의 가장 소중한 것들을 미련 없이 주님과 이웃을 위해 허비할 수 있는 것이다. 참된 탄식의 위력이 바로 여기에 있지 않겠는가!

6

구원 사역에 동참하는 삶

◇◇

◇◇

예언에 대한 바른 이해

예언자들은 잘못된 현재를 진단하는 기준을 어디서 찾고 있는가?
그것은 하나님과 관련된 이스라엘의 과거(past)이다.

한국의 그리스도인들 중에는 이스라엘의 예언을 단순히
앞으로 있을 일에 대해서 '미리 말하는 것'(foretelling)으로 이
해하는 사람이 매우 많다. 속된 말로 표현하자면, 구약의 예
언자들을 일종의 점쟁이 정도로 생각하는 시각이 적지 않은
것이다. 그러나 엄밀하게 말해서 이스라엘의 예언에는 '미리
말한다', 즉 앞으로 일어날 일을 미리 알아 맞춘다는 의미에
서는 요소가 매우 약하다. 그와는 달리 예언은 예언자 자신이
처한 현실을 대단히 중시한다. 이 점은 예언자들이 선포하는
메시지를 볼 때 분명하게 드러난다. 그들의 메시지는 철저하
게 잘못된 현재(present)에 초점을 맞추고 있다.

그렇다면 예언자들은 잘못된 현재를 진단하는 기준을

어디서 찾고 있는가? 그것은 하나님과 관련된 이스라엘의 과거(past)이다. 하나님께서 주신 각종 토라 규정들과 그의 역사적인 구원 행동들이 이에 해당한다. 그러니까 예언자들은 토라와 하나님의 구원 은총에 근거하여 이스라엘의 비뚤어진 현재를 비판하고 고발하고 있는 것이다. 그러나 과거에 기초한 현재 고발이 예언 메시지의 전부는 아니다. 예언자들은 이스라엘의 죄악을 고발한 후에 그에 상응하는 하나님의 준엄한 심판이 있을 것임을 선언한다. 아울러 그들은 심판 후에 있을 이스라엘의 회복과 하나님의 구원에 대해서 선포하는 것을 잊지 않는다. 이 두 가지는 문자 그대로 미래(future)의 차원에 속한 것이다.

이상을 종합해보면, 예언 메시지는 과거와 현재와 미래의 세 차원을 포괄하고 있음이 분명해진다. 이 세 차원은 똑같이 중요하겠지만, 그중에서도 잘못된 현재에 대한 비판이 예언 메시지의 한가운데에 있다고 할 수 있다. 그 까닭에 예언은 결코 앞으로 있을 일을 미리 말하는 것(豫言)일 수 없다. 도리어 예언은 하나님의 말씀을 위탁받아 선포하는 행위(五言)를 뜻한다고 보아야 옳다. 물론 예언자들에게 주어지는 하나님의 말씀은 과거와 현재와 미래, 곧 역사 전체를 포괄하는 것이다. 단순히 미래에만 국한되는 것이 아니라는 말이다.

이와 아울러 한 가지 기억해야 할 것은, 이스라엘의 예언 운동이 왕정(王政; monarchy)의 존립과 거의 그 궤를 같이 하고 있다는 사실이다. 즉, 왕정 통치가 이루어지면서 예언자 계층이 생겨나고 왕정이 사라지면서 예언 활동도 자연히 시들게 된다는 것이다. 여기에는 이유가 있다. 본래 지상(地上)의 왕은 일반적으로 하나님의 왕권을 부정하는 성격을 가지고 있다(삼상 8:7). 실제로 이스라엘 역사에서 많은 왕들이 하나님의 법을 우습게 알고 그럼으로써 하나님이 이스라엘의 왕 되심을 인정하지 않는 경향을 가지고 있었다. 하나님의 통치를 이상으로 하는 이스라엘 신정 공동체가 무너진 것도 알고 보면 왕정이 갖는 이러한 속성에 기인한 것이었다.

이러한 상황에서 하나님의 왕권을 선포하고 왕과 지배 계층 및 모든 백성들로 하여금 하나님의 법을 소중히 여기게끔 하는 사람이 필요했다. 하나님께서 이 일을 위해서 부르신 이들이 바로 예언자들인 것이다. 그러기에 대부분의 경우 예언자들은 지상의 왕권에 맞설 수밖에 없었고, 그러다 보니 왕정의 존립과 그 흐름을 같이 할수밖에 없었던 것이다. 왕정 초기인 사울의 때 처음으로 사무엘이 예언자로 활동한 사실이나(삼상 3:20), 그 후에 출현한 대부분의 예언자들이 바벨론 포로기 이전 시대에 속해 있다는 사실이 이 점을 뒷받침한다.

오늘날 우리가 예수님을 예언자로 이해하는 것도 사실은 구약 시대의 이러한 예언 이해에 기초한 것이다. 하나님 나라에 초점을 맞춘 예수님의 다양한 설교들과 활동들은 과거와 현재, 그리고 미래를 모두 포괄하고 있는 것이었다. 구약의 말씀들과 이스라엘 역사에 대한 언급들이나 당시의 종교 지도자들을 향한 준엄한 책망의 말씀들, 그리고 로마의 압제와 지배 계층의 압제하에 고통당하던 사람들을 향한 위로와 희망의 말씀들이 그 점을 잘 보여준다. 마지막 때에 있을 대격변과 하나님의 심판에 대해서 언급한 종말론적인 설교도 마찬가지이다. 이 점에서 오늘의 그리스도인들은 모두가 구약 시대의 예언자들을 충실하게 계승하는 자들이어야 할 것이요, 궁극적으로는 하나님 나라와 인류 구속을 위해 자기 몸을 버리신 예수님의 예언 사역을 본받는 자들이 되기에 힘써야 할 것이다.

모세를 부르시는 하나님

하나님의 부르심에는 항상 예측할 수 없는 위험과 고통이 뒤따른다.
그러나 하나님은 모든 위험과 고통을 넘어서는 믿음과 능력을 주신다.

하나님은 출애굽의 소명 앞에서 주저하는 모세에게 세 가지의 기적을 베푸신다(출 4:1-9). 지팡이가 뱀이 되었다가 다시 지팡이로 되돌아오는 기적, 손에 나병이 들었다가 사라진 기적, 나일 강의 물이 피로 변한 기적 등이 그러하다. 이 세 가지의 기적들에서 나타나는 지팡이, 뱀, 나병, 나일 강 등은 한결같이 모세의 경험 세계에서 비롯된 것들로서, 모세의 소명에 함축되어 있는 다양한 의미들을 효과적으로 전달하는 이미지들로 작용한다. 모세가 바로 앞에 가서 행한 열 가지의 재앙들도 따지고 보면 그와 비슷한 기능을 수행하는 이미지들이라 할 수 있다.

먼저 첫 번째 기적을 보도록 하자. 여기에서 우리가 주목해야 할 것은, 하나님이 모세에게 뱀의 꼬리를 잡으라고 명한 일이다(출 4:4). 일반적으로 안전하게 뱀을 잡으려면 목 뒤를 움켜잡는 것이 정상인데, 하나님께서는 꼬리 부분을 잡으라고 명하신 것이다. 뱀의 꼬리를 잡는 것은 재난을 자초하는 위험스럽고도 어리석은 행동인데도 말이다.

그리고 또 왜 하필이면 뱀인가? 이 문제는 고대 이집트에서 뱀이 어떠한 위치에 있는가를 살핌으로써 분명하게 밝혀질 수 있다. 뱀은 이집트에서 신적인 숭배의 대상으로 여겨지는 것으로서, 강대 제국인 이집트 내지는 바로(Pharaoh)의 절대 권력을 상징한다고 할 수 있다. 이 점에서 본다면, 뱀의 꼬리를 잡으라는 것은 모세가 바로에게 가서 할 일이 마치 뱀의 꼬리를 잡는 것처럼 위험하다는 것을 의미한다. 비록 하나님께서 모세를 인도하시고 보호하셔서 그 일을 성공적으로 마치게 하시겠지만 말이다.

두 번째 기적에 나오는 나병 역시 마찬가지이다. 당시에 나병은 어떤 방법으로도 고칠 수 없는 절대 불치의 병이요 사회로부터 격리시켜야 할 부정한 병이었다. 이것은 모세가 과연 세상에 속한 모든 것들로부터 자신을 끊을 각오를 가지고 있는지를 시험하는 것이면서 동시에 이집트의 바로에게 가는 것이 나병에 걸리는 것처럼 위험스러운 일임을 상징적으로 보여준다.

그렇다면 땅에 부은 나일 강의 물이 피로 변하는 세 번째 기적은 무엇을 뜻하는 것일까? 세계 4대 문명의 발상지 중 하나인 나일 강은 이집트의 풍요를 상징하는 것으로서, 당시의 이집트 사람들에게 신격화된 존재로 여겨지기까지 했다. 그런데 하나님은 이 강의 물을 조금 떠다가 땅에 부으면 그 물이 피로 변할 것이라고 말씀하셨다. 이것은 하나님이 이집트의 풍요신인 나일 강조차도 징벌하시는 절대적인 역사 주권을 가지고 계심을 모세에게 인식시키고자 하는 것에 다름 아니다.

모세의 소명과 관련된 이상의 세 가지 기적은 단순히 그에게 용기와 믿음을 주려는 목적만이 아니라, 그가 할 일이 강대 제국 이집트(또는 바로)와의 대결이라는 역사적인 과제와 관련되어 있음을 보여주려는 목적도 아울러 가지고 있다. 이스라엘의 사사인 기드온의 경우에도 이와 비슷한 기적이 행해지지만(삿 6:36-40), 대부분의 소명 기사들은 말씀과 환상을 통해 주어지는 소명 체험만을 기록하고 있다.

사무엘(삼상 3:1-14), 아모스(암 7:14-15), 예레미야(렘 1:4-19)

등이 그러하다. 하나님의 소명에 대해서 이들이 보인 반응 역시 다양하지만, 종국에는 그 명령에 순종하여 하나님의 역사에 참여하는 것으로 끝을 맺는다. 소명 기사에는 나타나 있지 않으나 이들의 사역은 모세의 경우와 마찬가지로 위험과 수난으로 가득 차 있다.

신약에서는 예수께서 열두 제자를 선택하여 훈련시킨 후 승천 직전에 마지막 부탁 형식으로 그들에게 소명을 주신다(마 28:16-20). 물론 그 소명은 십자가의 수난과 고통을 수반하는 까닭에, 모세에게 주어진 세 가지 기적에 상응하는 성령 강림의 기적이 뒤따른다(행 2:1-4). 바울의 소명은 다소 독특한 것으로서, 그는 환상 중에 부활의 주님을 만나 이방인의 그릇으로 택정함을 입으며(행 9:1-19), 사도로서의 활동 과정에서 무수한 고통과 수난을 경험한다.

이상의 메시지를 오늘의 상황에 적용해보도록 하자. 모든 그리스도인은 어떤 형식으로든 자기 시대에 필요한 일꾼으로 하나님의 부르심을 받는다. 하나님의 부르심에는 항상 예측할 수 없는 위험과 고통이 뒤따른다(마 16:24-26). 그러나 하나님은 반드시 그 모든 위험과 고통을 넘어서는 믿음과 능력을 주시며 소명 성취를 보증하신다.

지금 우리가 겪고 있는 교회의 현실은 어떠한가? 갈수록 사람들의 믿음이 식어지는가 하면 하나님의 부르심에 주저함 없이 순종하는 사람도 많지 않다. 신체적이고 정신적인 안락을 추구하는 편의주의 문화의 물결이 교회 안에까지 깊이 밀려와 있기 때문이다. 오늘의 그리스도인들은, 십자가의 고난을 배제한 채로 부활의 영광만을 추구하려는 타산적인 신앙관을 버리지 않는 한, 하나님의 부르심에 올바로 응답하기 어렵다는 사실을 가슴 깊이 새겨두지 않으면 안 될 것이다.

약한 자들을 향한 하나님의 관심

그들에게는 스스로를 일으킬 힘이 없다. 그들을 일으켜줄 이웃도 없다.
그러나 하나님께서는 이처럼 의지할 데 없는 자들을 불쌍히 여기신다.

시편에 있는 많은 노래들 중에서 사회적인 약자들을 향한 하나님의 관심을 가장 잘 압축해서 보여주고 있는 본문은 아마도 시편 146편 7-9절일 것이다. 이 본문은 이스라엘의 시인들로 하여금 하나님을 끝없이 찬양하게 하는 중요한 이유를 약자들을 향한 하나님의 관심에서 찾는다. 이 본문은 인간의 약함 속에서 하나님의 권능이 완전하게 나타나고 있음을 밝히고 있는 중요한 말씀이다. 하나님 안에서 참된 도움과 구원을 발견하는 자들은 힘 있고 강한 자들이 아니라, 신앙 공동체 안에 있는 여러 종류의 약한 자들이기 때문이다.

먼저 7절에 의하면, 하나님은 억눌린 자들을 위해 정의로 심판하시는 분이요, 굶주린 자들에게 먹을 것을 주시고 간

헌 자들에게 자유를 주시는 분이다. 의로운 재판관이신 하나님(신 1:17)은 억눌린 자들, 곧 자신을 도울 힘도 없고 도움을 호소할 데도 없어서 강한 자들에게 압박당하는 자들이 억울함을 당하지 않게 하신다. 그는 부정과 불법을 용납하지 않으시며 억눌린 자들을 위해 정의('미슈파트')를 행하신다. 그의 정의는 힘 있는 자들이 재판을 통하여 힘없고 가난한 자들을 억울하게 하는 것을 용납하지 않는다(출 23:2-3, 6; 신 16:18-20; 24:17; 27:19).

하나님은 또한 굶주린 자들을 배부르게 하신다(눅 1:53). 그는 기근이나 가난 때문에 먹을 양식을 충분히 확보하지 못한 사람들, 그리고 강한 자들에게 압박당하여 먹을 양식을 빼앗긴 채로 살아가는 자들을 긍휼히 여기시는 분인 것이다. 먹을 양식은 사람의 생존에 반드시 필요한 것인 까닭에, 하나님은 양식이 없어 주리는 자들을 그냥 두지 않으시고 그들을 배부르게 하신다(신 10:18; 14:28-29; 16:12; 24:14-15). 그런가 하면 하나님은 감옥에 갇힌 자들에게 자유를 주시는 분이다(사 61:1). 죄 없이 양심 때문에, 또는 의로운 일을 하다가 억울하게 갇혀 있는 자들을 자유케 하신다는 얘기다. 이를테면 예레미야(렘 37:16-17)나 다니엘(단 6:23), 베드로(행 12:7-10), 바울과

실라(행 16장) 등이 그러하다(참조. 사 61:1; 눅 4:18).

그리고 8절에 의하면, 하나님은 맹인들의 눈을 여시는 분이요, 엎드러진 자들을 일으키시는 분이요, 의로운 자들을 사랑하시는 분이다(시 146:8). 맹인들은 눈이 먼 까닭에 정상적인 활동을 할 수 없고, 따라서 세상에서 가진 것이라곤 아무 것도 없는 사람들이다. 더욱이 신체적인 결함을 가진 자들을 부정한 자로 몰아 부치는 당시의 상황 속에서는 맹인들이 독립적인 인격으로 소중히 여김을 받기 어려웠다. 그러나 하나님은 이처럼 사람들로부터 버림받은 시각 장애인들을 긍휼히 여기시고 그들의 눈먼 것을 치료하신다. 그들을 진리의 밝은 빛으로 인도하시며, 어지럽고 혼란스러운 세상 속에서 넘어지지 않도록 그들에게 위로와 소망의 등불이 되어주신다(사 42:7, 16; 마 9:27-31; 11:5; 막 10:46-52; 눅 4:18).

하나님의 은혜와 사랑은 엎드러진 자들에게도 동일하게 선물로 주어진다. 그들은 압제자 밑에서 압박당하는 자들이요, 권세 있는 자들에게 짓눌린 자들이다(시 145:14; 눅 1:52). 힘있는 자들과 악을 행하는 자들에게 짓밟힌 채로 엎드러진 사람들이다. 그들에게는 스스로를 일으킬 힘이 없다. 그들을 일으켜줄 이웃도 없다. 그러나 하나님께서는 이처럼 의지할 데 없는 자들을 불쌍히 여기신다. 그들에게 스스로 일어설 수 있는 힘을 주시며, 힘 있는 자들에게 굴하지 않고서 떳떳하게 살 수 있는 길을 열어주신다.

또한 하나님은 의로운 자들을 사랑하신다. 의로운 자들은 어떠한 자들인가? 그들은 하나님께서 주신 계명들을 잘 지키는 사람들이요, 신앙 공동체의 평화를 도모하는 사람들이다. 그럼에도 불구하고 일반적으로 의로운 자들은 어느 시대에서나 사람들에게서 정당한 평가를 받지 못한 채로 핍박과 시기의 대상이 된다(시 94:21). 그들은 항상 소수로 남아 있으며(참조, 전 7:20), 가난하고 힘없는 자들과 같은 범주에 속한 것으로 이해된다(암 2:6; 5:12). 그러나 의로우신 하나님은 그들이 버림받는 것을 원치 않으신다. 도리어 그들을 위로하시고 그들을 사랑하시며, 항상 그들의 편을 들어주심과 아울러 그들을 환란과 시련으로부터 구원해주신다(시 14:5; 37:39-40).

마지막으로 하나님은 나그네들을 보호하시고 고아와 과부를 붙드시는 분이다(9절). 하나님은 천성적으로 의지할 데 없는 사회적인 약자 계층, 곧 나그네와 고아와 과부를 지키시며, 고통과 외로움 속에서 그들을 건져주신다(사 1:17). 하나님 자신이 고아들의 아버지이시요, 과부들의 재판장이시기 때문이다(시 68:5). 나그네와 고아와 과부를 향한 하나님의 긍휼하심은 그가 애굽에서 종살이하던 이스라엘을 건지신 것에 잘 나타나 있다. 유다 백성이 바벨론에 포로로 잡혀가서 갖은 굴욕과 수치를 당하다가 하나님의 구원을 받은 것도 같은 맥락에 속한다.

그러나 하나님의 구원은 힘없고 약한 자들을 건져주시는 것으로 끝나지 않는다. 의로우신 하나님은 그들을 괴롭히고 못살게 굴던 자들에게 심판을 내리심으로써 힘없고 약한 자들을 위한 구원을 완성하신다. 9절 하반절에 의하면, 하나님은 악한 자들의 길을 뒤엎으시며 그들의 계획이 실패하게 만드신다. 일시적으로는 악인들의 계획이 형통과 번영을 누리는 것처럼 보이겠지만, 하나님께서는 예기치 않은 때에 그들의 길을 곁으로 굽게 만드시며, 그들의 계획이 번영과 확신 대신에 고통과 재난으로 가득 차게 하실 것이다. 따라서 악한 꾀를 이루는 자와 행악(行惡)하는 자를 인하여 불평할 필요가 없다(시 37:1, 7-9). 악인은 풀과 같이 속히 베임을 볼 것이며, 푸른 채소 같이 쇠잔할 것이요(37:2), 악인의 결국은 끊어질 것이기 때문이다(37:38).

사랑에 응답하는 삶

아무런 조건 없이 하나님의 사랑을 받은 자는 기쁨으로 그를 섬기며 그에게
영광 돌리는 삶을 살아야 하고 말씀에 순종하는 삶으로 모범을 보여야 한다.

구약 시대에 이스라엘의 예언자들은 이스라엘 백성의
죄악을 고발함에 있어서 그 죄악의 구체적인 실상을 낱낱이
지적하는 방법을 쓰기도 하지만, 때로는 인간의 삶과 관련된
비유적인 언어를 빌어 그들의 죄악상을 고발하기도 한다. 그
대표적인 것이 하나님과 이스라엘 사이를 부부 관계로 보는
결혼 은유(marriage metaphor)이고, 다른 하나는 하나님과 이스
라엘 사이를 부모-자녀(더 정확하게는 아버지-아들) 관계로 보는
자녀 은유(sonship metaphor)이다.

이 두 가지 은유는 본래 하나님이 자기 백성 이스라엘을
얼마나 크게 사랑하시는지를 설명하려는 의도를 가지고 있
다. 그러면서도 이 두 가지 은유는 정반대로 그토록 진하고

강한 하나님의 사랑을 끊임없이 배신했던 이스라엘의 죄악을 드러내려는 의도 역시 가지고 있다. 그런데 공교롭게도 이처럼 중요한 의미를 갖는 결혼 은유와 자녀 은유를 한꺼번에 다 사용한 예언자가 있다. 주전 8세기 후반에 북왕국 이스라엘에서 예언 활동을 했던 호세아가 바로 그 사람이다.

호세아와 고멜 사이의 결혼과 가정에 얽힌 이야기로 알려져 있는 호세아의 결혼 은유(호 1-3장)는 사람들이 너무도 잘 알고 있는 것이므로, 자녀 은유에 초점을 맞추어 그와 관련된 말씀인 11장을 공부하면서 묵상하고자 한다. 이 본문은 하나님의 사랑을 부모가 자식에게 주는 사랑과 같은 것으로 이해한다. 하나님과 이스라엘 사이의 관계를 부모-자녀 관계로 보는 이러한 신학적인 경향은 신약에까지 그 전통이 이어진다(마 5:45; 6:6:1, 6, 9, 14, 15, 26, 32; 7:11; 롬 8:14-17; 갈 4:6 등). 드물기는 하지만, 하나님을 어머니로 보는 경향 역시 구약이나 신약에서 간간이 발견된다(사 49:15; 66:13; 시 123; 마 23:37; 눅 15:8-10).

앞부분인 1-4절은 출애굽기 4:22-23과 마찬가지로 하나님과 이스라엘 사이의 관계를 아버지와 아들의 관계로 보며, 출애굽 사건을 그 출발점으로 본다: "이스라엘은 내 아들 내

장자라"(출 4:22); "이스라엘이 어렸을 때에 내가 사랑하여 내 아들을 애굽에서 불러냈거늘"(호 11:1). 그러나 이것이 전부가 아니다. 호세아는 1-4절에서 하나님 보시기에 아들과도 같았던 이스라엘의 반역행위, 곧 자기들의 하나님을 버리고 이방 신들을 따라간 행동이 얼마나 배은망덕한 것인가를 고발한다(2, 3b절).

호세아는 그러한 고발의 근거로 출애굽할 당시에 어린 아이와도 같던 이스라엘을 하나님이 어떻게 자신의 자녀로 선택하시고(1절) 계속해서 양육하셨는가를(3a, 4절) 구체적으로 설명한다. 그런가 하면 후반부인 5-11절은 하나님의 심판, 심판을 극복하기 위한 하나님 자신의 준비, 하나님의 긍휼과 사랑에 힘입은 이스라엘의 회복 등의 세 가지 메시지를 단계적으로 발전시키고 있다.

이처럼 호세아 본문이 하나님의 사랑과 이스라엘의 배신을 다루는 1-4절로부터 갑자기 심판과 회복의 메시지에 초점을 맞추는 5-11절로 방향을 바꾼 것은, 이스라엘을 돌이키려는 하나님의 꾸준한 노력이 번번이 좌절됨으로써 그 계기가 마련된다. 이제는 달리 방도가 없다. 하나님의 준엄한 심판이 있을 뿐이다. 따라서 5-11절은 이스라엘의 배신행위에 대한 하나님의 형벌로 인하여 그들이 출애굽 이전 시대로 돌아갈 것이요 당시의 대제국인 앗수르의 지배를 받게 될 것임을 선포하며(5-7절), 멸망한 이스라엘을 향한 하나님 자신의 긍휼(compassion)과 구원 의지를 표현함과 동시에(8-9절), 하나님의 사랑에 힘입어 이스라엘이 더 이상 이방 신들을 따르지 않고 도리어 사자처럼 부르짖는 하나님의 소리를 듣고서 두려운 마음으로 떨면서 그의 뒤를 따르면서 고국으로 돌아올 것임을 예언한다(10-11절).

호세아 11장의 이러한 메시지에서 우리는 한 가지 중요한 교훈을 발견한다. 부부 관계에서 이루어지는 사랑이 쌍방적인 것이라면, 부모-자녀 관계의 사랑은 일방적인 것으로, 부모로부터 자식에게로 전달되는 성격을 갖는다. 그리고 부모-자녀 관계의 주도권이 부모에게 있는 것과 마찬가지로, 하나님과 이스라엘 사이의 주도권 역시 하나님께 있다. 1-4절에 잘 묘사된 바와 같이, 이스라엘이 하나님의 아들로 인정되어 그의 자녀 신분을 갖게 된 것은 하나님의 사랑과 그의 일방적인 선택(부르심)에 의해서 이루어진 것이지(신 7:6-8), 이스라엘이 야웨 하나님을 선택하여 그를 자기들의 아버지로 또는 부모로 모신 것은 결코 아니다. 이 점에서 본다면 이스라엘 민족의 출현과 형성은 전적으로 하나님의 사랑에 기인한 것이라고 말할 수 있다. 하나님의 사랑이야말로 이스라엘 민족의 존재 근거를 이룬다.

오늘의 우리도 마찬가지이다. 오늘의 교회와 그리스도인들은 사랑 그 자체이신 하나님(요일 4:7-8, 16)의 은혜와 구원 의지에 힘입어 그의 자녀로 선택된 것이지, 우리가 먼저 그를 선택하여 아버지로 섬기는 것은 결코 아니다(요 15:16; 엡 2:1-10; 벧전 2:9; 요일 4:10). 순종의 근거가 바로 여기에 있다. 아무런 조건 없이 값비싼 하나님의 사랑을 받은 자는 기쁨으로 그를 섬기며 그에게 영광 돌리는 삶을 살아야 하고 말씀에 순종하는 삶으로 모범을 보여야 한다(요일 5:3).

하나님의 사랑을 거역한 이스라엘처럼 해서는 안 된다. 참으로 하나님의 사랑을 받은 자라면 누구나 세상 모든 사람들에게 향기를 발하는 아름다운 삶을 살아야 하고 하나님의 택하심을 입은 자답게 거룩하고 경건한 삶을 사는 데 최선을 다해야 한다(골 3:12-17). 나면서부터 부모의 도움을 절대적으로 필요로 하는 어린 아이들처럼 전적으로 하나님만을 신뢰하고 그의 사랑에 힘입어 사는 삶이야말로 그의 사랑에 응답하는 가장 훌륭한 방법이 아니겠는가!

사람의 권능이 아니라 하나님의 권능으로

복음의 증인이 된다는 것은 곧 복음을 위한 순교자가 되는 것을 뜻한다.
따라서 그것은 사람의 힘과 능력으로 할 수 있는 일이 아니다.

◇◇◇

　　죽음의 권세를 깨뜨리고서 다시 살아나신 예수님은 40
일 동안 하나님 나라의 일을 계속 말씀하신(행 1:3) 후, 하늘
로 올라가시기 전에 마지막으로 제자들에게 한 가지 중요한
당부의 말씀을 주셨다. 그들에게 예루살렘을 떠나지 말고 아
버지께서 약속하신 것을 기다리라고 명하신 것이 그렇다(행
1:4). 이어서 그는 그 약속이 성령 세례를 뜻하는 것임을 그들
에게 분명하게 밝히셨다(1:5; 눅 24:49; 참조. 행 2:33).

　　그러나 제자들의 관심사는 전혀 다른 데에 있었다. 그들
은 오래전부터 로마의 압제를 받던 이스라엘 민족의 독립과
해방을 진심으로 원했다. 예수님의 공생애 기간에도 그들은
그 일에 관심이 많았다. 이를테면 세베대의 아들 야고보와 그

의 형제 요한이 그러했다: "그 때에 세베대의 아들의 어머니가 그 아들들을 데리고 예수께 와서 절하며 무엇을 구하니, 예수께서 이르시되 무엇을 원하느냐 이르되 나의 이 두 아들을 주의 나라에서 하나는 주의 우편에, 하나는 주의 좌편에 앉게 명하소서"(마 20:20-21).

부활의 주님을 만난 그들은 죽음조차도 물리치신 부활의 능력이라면 그런 일이 충분히 가능할 것이라고 믿었다. 그 까닭에 그들은 부활하신 예수님을 뵙고 난 후 그가 자신에게 있는 부활의 능력으로 이제 곧 이스라엘 나라를 회복시키지 않겠느냐는 투의 질문을 던졌던 것이다: "주께서 이스라엘 나라를 회복하심이 이 때니이까?"(행 1:6).

그들의 질문에 대한 예수님의 답변은 그들의 의도와는 전혀 다른 것이었다. 그는 "때('크로노스')와 시기('카이로스')"가 하나님의 권한에 속한 것임을 강조하심으로써(1:7), 궁극적으로는 사람의 시간('크로노스')이나 하나님의 시간('카이로스') 모두가 사람의 권한 밖에 있는 것이요, 하나님의 역사 운행과 역사 섭리에 속한 것임을 제자들에게 상기시키셨다. 그러면서 그들에게 진정으로 필요한 것은 성령을 통하여 하늘의 권능('뒤나미스')을 받아 복음의 증인('마르튀레스')이 되는 것이라고 말씀하셨다(행 1:8).

　여기서 우리는 사람의 일과 하나님의 일이 명확하게 구분되는 것을 알 수 있다. 이스라엘 민족의 독립과 해방이 사람의 일이라면, 땅끝까지 이르러 복음의 증인이 되는 것은 하나님의 일이다. 베드로는 이 두 가지 일을 구분하지 못해 크게 책망을 받은 적이 있다(마 16:21-23). 예수님이 승천하시기 직전에도 제자들은 그 둘을 구분하지 못한 채로 엉뚱한 질문을 던졌지만, 예수께서는 복음의 증인이 되어 하나님 나라를 확장시키는 일이야말로 가장 중요하고도 화급(火急)한 일임을 강조하심으로써 그들의 잘못된 생각을 바로잡아 주셨다.

　물론 복음의 증인이 되어 하나님 나라를 확장시키는 일을 함에 있어서 가장 중요한 것은 성령의 권능을 힘입는 것이다. 왜냐하면 복음의 증인이 된다는 것은 곧 복음을 위한 순교자('마르튀레스'=martyr)가 되는 것을 뜻하기 때문이요, 따라서 그것은 사람의 힘과 능력으로 할 수 있는 일이 아니기 때문이다. 참으로 하나님이 주시는 힘과 능력이 아니고서는 어느 누구도 복음의 증인 역할을 온전히 수행할 수 없다. 그 까닭에 예수님은 제자들에게 성령을 통하여 "권능"('뒤나미스')을 받아야 한다고 말씀하셨던 것이다.

그렇다면 성령을 통하여 주어지는 권능은 대체 무엇을 의미하는가? 그것은 곧 하늘의 권능, 하나님의 권능을 의미한다. 그것은 사람에게 있는 능력과 질적으로 다른 것이다. 사람에게 있는 능력에 대해서는 요한계시록 3:8이 가장 잘 설명해 주고 있다: "내가 네 행위를 아노니 네가 작은 능력('뒤나미스')을 가지고서도 내 말을 지키며 내 이름을 배반하지 아니하였도다(you have little strength, yet you have kept my word and have not denied my name)."

이 본문에서 개역 개정판이 "능력"으로 번역하고 있는 헬라어 낱말은 사도행전 1:8에서 "권능"으로 번역된 것과 똑같은 '뒤나미스'이다. 이것은 헬라어 '뒤나미스'가 본래 두 가지 의미를 가지고 있음을 의미한다. 그 하나는 사도행전 1:8에서처럼 하나님께서 하늘로부터 사람들에게 내려주시는 권능을 뜻하고, 다른 하나는 요한계시록 3:8에 언급된 바와 같이 사람들에게서 발견되는 인간적인 능력, 곧 재산이나 세상 권세, 정치적인 힘, 사회적인 신분 등을 의미한다.

이 점에 비추어본다면, 계시록 3장이 언급하는 빌라델비아 교회는 사람에게 있는 '뒤나미스'를 거의 가지고 있지 못했음이 분명하다(have little strength). 그런데도 빌라델비아 교회는 주의 말씀을 잘 지켰으며 그의 이름을 배반하지 않았다. 그 교회는 사람의 '뒤나미스'를 거의 갖지 못했음에도 책망을 전혀 듣지 않고 도리어 칭찬만 들었던 것이다. 어떻게 그런 일이 가능하게 된 것일까? 계시록 본문은 이에 대해서 아무런 언급도 하고 있지 않다. 그러나 본문의 흐름 속에서 그것을 간접적으로 확인할 수는 있다. 그것은 곧 그 교회의 성도들이 사람의 '뒤나미스'를 구하지 않고 도리어 하나님의 '뒤나미스'를 간절히 구했을 것이라는 사실이다.

결국 빌라델비아 교회는 예수님이 사도행전 1:8에서 강조하시던 하나님의 '뒤나미스'로 충만했기에, 다른 교회들에 비해 사람의 '뒤나미스'를 상대적으로 적게 가지고 있었음에도 불구하고 칭찬만 듣는 훌륭한 교회를 우뚝 설 수 있었다. 이것은 우리에게 매우 귀한 교훈을 안겨준다. 하나님의 일을 함에 있어서 결코 사람의 '뒤나미스'를 내세워서는 안 된다는 사실이 그렇다. 도리어 하나님의 '뒤나미스'를 전적으로 사모하고 의지해야 한다. 그래야만 훌륭한 복음의 증인이 될 수 있고, 하나님의 권능으로 세상을 이기는 믿음의 사람들이 될 수 있을 것이다.

추수할 때가 되었으니

추수할 일꾼을 보내달라고 간구하기 전에 먼저 자신을 참된 추수 일꾼으로
드리고자 하는 열심이 우리 모두에게 필요한 때이다.

공생애 기간 동안에 예수님의 사역은 크게 두 가지로 나
누어 진행되었다. 그 하나는 하나님 나라의 복음을 전파하는
일이었고, 다른 하나는 인간의 몸과 삶을 지배하고 있는 온
갖 질병과 연약함을 치료하는, 이른바 치유와 회복의 사역이
었다. 마태복음 9:35는 예수님의 이러한 두 가지 사역을 가장
잘 요약하고 있는 본문들 중의 하나이다: "예수께서 모든 도
시와 마을에 두루 다니사 그들의 회당에서 가르치시며 천국
복음을 전파하시며 모든 병과 모든 약한 것을 고치시니라."

이 말씀에 의하면, 예수께서는 모든 성읍과 마을을 두루
다니시면서, 유대 사람의 여러 회당에서 가르치셨고, 회당을
비롯한 어느 곳에서든 그곳에 모인 사람들에게 천국 복음을

전파하셨다. 그는 또한 어디에서든 사람들의 모든 질병과 모든 아픔을 고쳐주시기도 했다. 물론 이 두 가지 사역 중에서 본질적으로 더 중요한 것은 천국 복음을 전파하는 첫 번째의 사역이다. 예수님의 공생애 사역과 십자가 구속의 대사역은 참으로 이 중요한 천국 복음을 세상 모든 사람들에게 증거하기 위한 것이었다.

그리고 예수님의 이러한 사역을 가능케 한 것은 목자 없는 양과 같이 고생하며 기진해 있는(helpless/downcast) 무리들을 불쌍히 여기는 마음(compassion)이었다(마 9:36). 여기서 우리의 주목을 끄는 낱말이 하나 있다. "기진해 있는"이라는 낱말이 그렇다. 마태복음 9:36에서 "기진하다"로 번역된 헬라어 '에림메노이'는 본래 술에 취하거나 치명적인 상처를 입어 엎드러진 상태(prostrate) 또는 기진맥진한 나머지 무기력한 모습으로 엎드러져 있는 상태를 가리키는 낱말이다.

이는 당시에 유대인들이 로마의 치하에서, 그리고 삯군 목자와도 같이 거짓된 지도자들 아래에서 얼마나 힘겨운 삶을 살고 있었는지를 한눈에 알게 해준다. 거짓된 지도자들의 다스림을 받는 그들은 예수께서 보시기에 마치 목자 없는 양과도 같이 여겨졌을 것이다. 그들을 사랑으로 보살피고 섬겨야 할 목자가 있기는 한데 실상은 없는 것이나 마찬가지인 상태였던 것이다. 예수님 당시의 지도자들은 그 존재감을 인정받을 수 없는 자들이었고, 그러한 그들의 다스림을 받는 유대인들은 목자 없는 양이나 마찬가지였다는 얘기다.

구약 시대의 이스라엘 백성도 그렇게 여겨지던 때가 있었다. 먼저 모세의 경우를 보도록 하자. 가나안 땅을 목전에 둔 상태의 그는 여전히 기력이 왕성한 사람이었다. 그러나 하나님은 그가 이스라엘 백성을 이끌고 약속의 땅 가나안으로 들어가는 것을 원치 않으셨다. 그를 먼저 불러가시고 다른 사람을 후계자로 세우실 계획을 가지고 있었던 것이다. 이러한 상황 속에서 모세는 자신이 먼저 하나님의 부르심을 받아 세상을 떠나고 난 뒤의 이스라엘 백성을 걱정하지 않을 수 없었다. 그리하여 그는 하나님께 그들이 "목자 없는 양과 같이" 되지 않게 해달라고 간구한 바가 있다(민 27:17).

북왕국 이스라엘의 아합 왕 때도 이스라엘 백성은 목자 없는 양같이 여겨졌었다. 당시에 이스라엘 백성은 바알 종교를 국교화하다시피한 아합과 이세벨의 철권통치 아래에서 신앙의 자유를 잃고서 불안정한 삶을 누리고 있었다. 그때에 활동한 미가야라는 이름의 예언자는 길르앗 라못을 회복하고자 했던 북왕국의 아합 왕과 남왕국의 여호사밧 왕 앞에서, 이스라엘 백성이 "목자 없는 양같이" 흩어져 있는 모습을 보았다고 말한다(왕상 22:17). 미가야의 이 말은 아합 왕의 존재 자체를 인정하지 않으려는 하나님의 심정을 가장 잘 대변한 것이라 할 수 있다.

예언자 에스겔 역시 마찬가지로 남왕국 유다 말기의 유다 백성이 "목자가 없으므로 그것들이 흩어지고 흩어져서 모든 들짐승의 밥이 되었도다"라고 탄식한 적이 있다(겔 34:5). 남왕국 말기의 혼란 시기에 여러 왕들이 나라와 백성을 다스렸지만, 그들 중에 한 명도 하나님의 뜻에 순종하면서 올바른 통치로 하나님을 기쁘시게 한 사람이 없었다. 그 까닭에 하나님은 그들이 나라를 다스리고 있기는 하나 실상은 전혀 필요 없는 목자들이요, 따라서 그들의 다스림을 받는 백성은 목자 없는 양이나 다름이 없다고 말씀하신 것이다.

다시 예수님의 사역으로 돌아와 보자. 예수님 당시의 크게 왜곡된 상황에 비추어볼 때, 여러모로 고통당하는 무리들을 불쌍히 여기며 그들에게 천국 복음을 전파하는 일은 정말로 시급히 요청되는 일이었다. 그러나 사명감을 가지고서 그 일을 언제라도 실천에 옮길 수 있는 준비된 사람은 많지 않았다. 아니 사실은 거의 없는 것이나 마찬가지였다. 당시의 종교 지도자들인 대제사장들과 장로들 및 바리새인과 사두개인 등은 도무지 그러한 일에 관심이 없었고, 그런 일을 할 만한 준비도 전혀 되어 있지 않았다. 도리어 그들은 일반 백성들을 힘들게 하고 천국에도 들어가지 못하게 하는 위선적인 지도자들이었다(마 23:4, 13).

그 까닭에 예수께서는 제자들에게 추수할 것은 많으나 일꾼이 적으니 추수하는 주인('퀴리오스')에게 추수할 일꾼들을 많이 보내달라고 기도해야 함을 강조하셨다(마 9:37-38). 여기서 "추수하는 주인"(chief harvester)은 추수할 일꾼들을 고용하기도 하고 해고시키기도 하는 자를 가리키지만, 실질적으로는 하나님 나라의 일을 충성스럽게 감당할 자들을 세우시고 하시고 폐하기도 하시는 하나님을 가리킨다. 예수께서는 한때 70명의 일꾼들을 둘씩 각 동네와 각 지역으로 보내시면서, 이와 똑같은 기도의 내용을 그들에게 가르쳐주신 바가 있다(눅 10:2).

두 번에 걸쳐서 반복된 예수님의 이 말씀은, 한편으로 생각하면, 그의 제자들 모두가 하나님께 충성스러운 일꾼들을 보내달라고 기도해야 함을 강조한 것이다. 그러나 다른 한편으로 생각하면, 그것은 그러한 기도를 드려야 할 제자들 스스로가 하나님 앞에서 추수할 일꾼으로 자원해야 한다는 의미를 포함하고 있다. 이 점은 예수께서 곧바로 열두 제자를 부르시고 그들에게 앞서 말한 두 가지의 사역을 지시하시는 모습(마 10:1-8)에서 금방 확인된다.

오늘의 우리라고 예외일 수 없다. 예수님의 그 말씀은 오늘의 우리 자신을 향해서도 주어지는 말씀이기 때문이다. 참된 목자와도 같이 세상 사람들에게 꼭 필요한 사람, 그리고 추수할 일꾼을 보내달라고 간구하기 전에 먼저 자신을 참된 추수 일꾼으로 드리고자 하는 열심이 우리 모두에게 필요한 때가 아닐 수 없다.

하나님을 쉬지 못하게 하는 자들

뒤로 물러서는 삶을 살지 않으려면 어떻게 해야 하는가?
파수꾼과도 같이 자기 삶을 지켜야 하며 자기와의 싸움에 이겨야 한다.

이사야 62장에 보면 "파수꾼들"(watchmen)에 관하여 매우 특이한 말씀이 있다. 6절에서 이사야는 하나님이 예루살렘 성벽 위에 파수꾼들을 세우시고 그들로 하여금 주야로 계속 잠잠하지 않게 하셨다고 말한다(6절 상반절). 일반적으로 파수꾼의 역할은 적군의 동태를 파악하고 적군의 침략이 있을 경우에 그것을 신속하게 성중에 보고하여 성읍을 안전하게 지키는 데 있다. 그런가 하면 유다 백성의 파수꾼으로 부름 받은 예언자 에스겔의 경우에서 보듯이, 백성들로 하여금 자기들의 죄악을 깨닫게 하고 그 죄의 결과로서 주어지는 재난을 대비하게 함으로써 그들의 생명을 안전하게 지키는 파수꾼의 역할도 있다(겔 3:17-19; 33:7-9).

그러나 이사야가 이곳에서 말하는 파수꾼들은 유다 백성으로 하여금 적군의 공격에 대비하게 하거나 그들의 죄악을 지적하는 경고자의 역할을 수행하기보다는, 도리어 자신의 약속을 이루기 위해 예루살렘으로 오시는 하나님의 모습에 대해 기쁨으로 보고하는 역할을 수행한다. 파수꾼들의 이러한 역할은 승리를 거두시는 주님께서 시온, 곧 예루살렘으로 돌아오시는 모습을 보고서 기쁜 목소리로 보고하는 자의 모습과 일치한다(사 52:7-8; 참조, 40:9).

하나님께서 세우신 파수꾼들의 역할은 여기서 끝나지 않는다. 그들이 유다 백성의 파수꾼들로서 밤이나 낮이나 늘 가만히 있어서는 안 되는 이유는, 하나님께 그가 하신 약속을 쉬지 않고 늘 상기시켜 드려야 할 중대한 책임이 그들에게 있기 때문이다. 6절 하반절의 "여호와를 기억하게 하시는 자들"이라는 표현이 그 점을 잘 보여준다.

이처럼 중요한 일을 수행하는 파수꾼의 삶에는 결코 쉼이 있을 수 없다. 잠시도 쉬어서는 안 되고 잡담해서도 안 되고 한눈팔아서도 안 된다. 하나님이 파수꾼을 "주야로 계속 잠잠하지 않게 하셨다"는 말씀은 파수꾼의 역할이 얼마나 중요한가를 잘 보여준다. 그 길은 결코 쉬운 길이 아니다. 그것은 마치 파수꾼이 성을 지키는 것과도 같이 힘들고 어렵다. 우리의 부모 형제들이나 신앙의 선배들은 이제껏 그 길을 걸어왔다.

날마다 교회를 개혁하고 신앙을 새롭게 해야 할 우리의 가는 길도 마찬가지이다. 그 길에는 결코 쉼이 있을 수 없다. 계속해서 전진해야만 한다. 그렇지 않으면 뒷걸음질치게 될 것이다. 성공할 수도 없고 하나님의 약속을 받을 수도 없을 것이다. 뒤로 물러서는 삶을 살지 않으려면 어떻게 해야 하는가? 파수꾼과도 같이 자기 삶을 지켜야 하며 자기와의 싸움에 이겨야 한다. 파수꾼은 쉬지 않고 늘 깨어 있기 때문에 하나님으로 하여금 기억하게 하는 자들이다.

부지런한 파수꾼은 하나님으로 하여금 자신의 약속을 기억하게 한다. 부지런한 파수꾼은 어떤 사람인가? 하나님이 계속해서 자신의 약속을 기억하시도록 열심히 기도하고 말씀을 묵상하며 사랑을 실천하는 사람이다. 하나님은 그런 사람을 주목하시며 그의 이름을 기억하시며 그의 삶을 천국 일지에 기록하신다. "만일에 우리가 하나님을 기억하는 것만큼만 하나님이 우리를 기억한다면 우리의 삶은 어떻게 되겠는가?"라는 말이 있다. 하나님은 우리가 하나님을 기억하는 것보다 훨씬 더 많이 우리를 기억하시며, 우리가 하나님을 잊고 있을 때조차 우리를 끊임없이 주목하고 계신다. 그러나 우리가 하나님께 전혀 관심이 없고 하나님을 기억조차 하지 않고 있다면 하나님이 계속해서 우리에게 한없이 은총을 베푸시고 사랑하시겠는가?

파수꾼은 또 어떤 사람인가? 이사야가 선포한 62장 7절에 보면, "여호와께서 예루살렘을 세워 세상에서 찬송을 받게 하시기까지 그로 쉬지 못하시게 하라"는 말씀이 있다. 파수꾼은 하나님을 쉬지 못하게 하는 자이다. 시편 121:3-4에 의하면, 하나님은 졸지도 않고 주무시지도 않는 분이다. 이 말씀은 하나님이 이스라엘을 지키실 때 졸지도 않고 주무시지도 않는다고 말한다. 비유적인 표현이긴 하지만, 그만큼 하나님이 부지런하게 잠시도 쉬지 않으시고 자기 백성을 지키신다는 얘기다. 시편 44:22-23에도 이와 비슷한 말씀이 있다. 이 말씀은 하나님이 실제로 주무신다는 뜻을 가지고 있지 않다. 도리어 고통당하는 현실을 하나님이 주무신다는 비유적인 표현으로 나타낸 것일 뿐이다.

하나님은 어떠한 사람들에게 마치 주무시는 것처럼 보이는가? 하나님께 무관심하거나 하나님을 기억하지 않거나 신앙 생활에 열기가 없는 사람들에게 그렇다. 하나님의 자녀로서 자신과 주변의 삶의 새롭게 하는 데 관심을 갖지 않고 도리어 딴 데 한눈파는 사람에게는 하나님이 마치 주무시는 것처럼 보인다. 하나님은 어떤 사람을 위해서는 눈코 뜰 새 없이 바쁘게 일하시지만, 또 어떤 사람에게는 마치 주무시는 것처럼 아무 일도 안 하실 수도 있는 것이다. 7절의 "그로 쉬지 못하게 하라!"는 말씀은 위기 상황에 처해 있는 우리 모두에게 참으로 귀한 말씀이 아닐 수 없다.

파수꾼의 열심과 노력으로 하나님이 자신의 약속을 기억하시고 마침내 그 약속에 기초한 구원을 이루시게 되면 어떠한 일이 생겨나는가? 우리를 괴롭히는 온갖 저주와 심판이 사라지고 누구든지 기쁨으로 자신에게 맡겨진 일에 충성하게 되며, 그 결과로 자신이 수확한 것들을 기쁘고 즐거운 마음으로 먹을 수 있게 된다. 뿐만 아니라 아무도 찾아주지 않고 마치 하나님께 버림받은 것처럼 여겨졌던 자들이 이제는 하나님께서 찾으시고 구속하신 거룩한 백성으로 바뀔 것이다. 하나님과의 관계가 완전히 회복될 것이라는 얘기다(사 62:8-12).

그러나 이처럼 복된 하나님의 구원은 아무런 대가 없이

저절로 이루어지는 것이 결코 아니다. 그 구원에 참여하고자 하는 열정이 성도들 모두에게 있지 않으면 안 된다. 이를 위해서는 성도들 모두가 하나님으로 하여금 자신의 약속을 기억하게 하는 파수꾼의 역할을 게을리해서는 안 될 것이며, 하나님의 구원이 이루어지도록 하기 위해 길을 예비해야 하고, 또 구원 성취를 훼방하는 모든 장애물들을 깨끗이 제거해야만 한다. 그 장애물은 성도들 개개인 안에 있을 수도 있고 그들이 속한 공동체 안에 있을 수도 있다. 자신과 공동체 모두를 새롭게 하고 개혁하고 갱신하는 일이 뒤따르지 않는다면, 파수꾼의 온갖 노력은 헛수고에 그칠 것이며, 하나님의 약속 역시 성취되기 어려울 것이다.

보라! 내가 새 일을 행하리라!

하나님의 역사 섭리는 늘 우리의 생각을 초월하는 새로움과 놀라움으로 가득 차 있기 때문에, 우리는 그의 오묘한 섭리에 자신을 완전히 내맡길 필요가 있다.

하나님의 구원은 인간이 고통과 절망의 밑바닥에 있을 때 이루어진다. 마치 이스라엘이 이집트에서 그 고역을 견디지 못하여 하나님께 부르짖었을 때 그들을 구원키로 작정하신 것처럼(출 2:23-25; 3:7-10) 말이다. 고통스러운 바벨론 포로 생활로부터의 해방도 마찬가지이다. 하나님은 자기 백성이 자기 힘으로 더 이상 아무것도 할 수 없을 때 구원의 은총을 베푸시는 분이다. 하나님의 구원은 불가능한 현실을 가능케 하는 기적을 통해서 이루어진다. 홍해 바다에서의 구원이 그것을 가장 분명하게 보여준다. 홍해 바다 앞에서 막강한 이집트 군대의 추격을 받던 이스라엘 백성은 진퇴양난의 위기에 빠져 있었다. 바로 그때 하나님께서 바다 가운데 길을 내시고서 그들을 마른 땅으로 건너게 하셨다. 그리고서는 이집트 군대를 바다에서 꺼져가는 등불처럼 순식간에 멸하셨다.

우리의 삶 속에서 이루어지는 구원도 마찬가지이다. 우리는 자신의 삶이 전적으로 하나님의 손길 안에 있다는 사실을 인식하고서, 모든 일을 하나님께 온전히 맡기는 삶의 자세를 간직할 필요가 있다. 그렇다고 해서 아무 일도 하지 않은 채로 무책임하게 모든 일을 하나님께 떠넘기라는 얘기는 아니다. 우리는 근본적으로 늘 자신의 삶에 최선을 다하되, 그 과정과 결과를 온전히 하나님의 계획과 뜻에 맡겨야 한다. 내 힘으로는 아무것도 할 수가 없다는 겸손한 마음으로 하나님의 도우심을 바랄 때(요 15:5), 우리의 삶을 짓누르는 모든 "이집트 군대"와 "파라오들"을 하나님께서는 꺼져가는 등불처럼 멸하실 것이다. 우리가 믿는 하나님은 불가능해보이는 일조차도 그의 권능으로 가능케 하시는 분임을 우리는 늘 잊지 말아야 할 것이다.

우리가 믿는 하나님은 항상 똑같은 방식으로 일하시는 분이 아니다. 그는 늘 새로운 방식으로 역사를 이끄시며 구원을 이루신다. 우리 인간은 인습과 타성에 젖어서 하나님을 늘 똑같은 방식으로만 이해하고 믿으려고만 한다. 그러나 하나님은 변함없이 지속되는 자연계의 운행처럼 똑같은 행동을 늘 되풀이하시는 분이 아니다. 본질적으로 세상을 이끌어가는 하나님의 섭리는 일관성을 가지고 있고, 또 어제나 오늘이나 영원토록 동일한 그의 성품을 그대로 반영하고 있지만, 우리가 삶의 구석구석에서 경험하는 하나님의 뜻과 은혜는 항상 새로운 모습을 가지고서 나타난다. 우리를 향한 그의 뜻은 구원과 사랑이라는 근본 목표를 가지고 있지만, 그 목표를 이루기 위한 방법은 매우 다양하고 새로운 것이다.

요셉의 생애를 보라. 파란만장한 그의 생애를 살펴보면, 하나님께서 도무지 예측할 수 없는 기이한 방식으로 그의 삶을 인도하시고, 마침내는 많은 사람들의 생명을 구원하신 것을 알 수 있다. 그의 삶은 늘 새로운 방식으로 자신의 뜻을 이루시는 하나님의 오묘한 섭리로 가득 차 있다(창 45:4-7). 다윗을 선택하신 하나님의 방법도 근본적으로 새로운 것이다. 어느 누구도, 심지어는 사무엘조차도 하나님께서 이새 집안의 막내 아들인 목동 소년 다윗을 선택하리라고 생각하지 못했다. 바벨론에서 포로 생활을 하던 이스라엘 백성이 하나님께서 이루실 새로운 출애굽을 선뜻 믿지 못한 것은 그것이 너무도 새롭고 기이한 것이었기 때문이다. 우리도 때때로 이스라엘 백성처럼 측량할 수 없는 은혜와 섭리로 인간의 삶과 역사를 이끄시는 하나님의 새 일을 믿음으로 받아들이지 못할 때가 있다. 그래서는 안 된다. 하나님의 역사 섭리는 늘 우리의 상상과 생각을 초월하는 새로움 내지는 놀라움으로 가득 차 있기 때문에, 우리는 그의 오묘한 섭리에 자신을 완전히 내맡길 필요가 있다. 하나님은 늘 새로운 방식으로 일하시면서도, 전적으로 신뢰할 수 있는 신실하신 분이기 때문이다.

하나님께서 이스라엘을 선택하시고 구원하신 것에는 분명한 목적이 있다. 그에게 무한한 영광을 돌리고, 또 그의 높으신 이름을 찬송하게 하려는 것이 바로 그것이다. 구체적으로 무엇을 찬송해야 하는가? 하나님께서 자기 백성을 위하여 바다를 마르게 하실 수도 있고, 그 반대로 마른 땅을 물로 가득 차게 하실 수도 있는 분임을 찬송해야 한다. 또 그가 실제로 그렇게 하시는 분임을 찬송해야 한다. 하나님께서 자기 백성을 놀랍고도 기이한 방식으로 구원하시고 이끄시는 분임을 찬송해야 한다(사 43:16-21). 물론 하나님의 새로운 구원은 순전히 자기 백성을 향한 하나님의 사랑과 긍휼에서 비롯된 것이다. 하나님의 백성은 그러한 사랑과 은혜를 늘 선전하면서 살아야 한다.

이스라엘 백성은 하나님의 기적적인 은혜를 경험할 때마다 목소리를 같이 하여 그의 은혜와 구원을 찬미했다. 출애굽기 15장에 나오는 모세의 노래나 미리암의 노래, 또는 사사기 5장에 나오는 드보라의 노래가 그렇다. 그리고 시편에 나오는 무수한 노래들 역시 하나님의 은혜와 구원을 회중 앞에서 또는 대회(大會) 중에 선포하며 찬송하겠다는 시인의 고백을 담고 있다. 그런가 하면 바울은 하나님께서 창세 전에 우리를 택하시고 그의 자녀 삼으신 목적이 우리로 하여금 그의 은혜의 영광을 찬미하게 하려는 데 있음을 분명하게 밝히고 있으며(엡 1:4-6), 사도 베드로는 하나님께서 우리를 어두운 데서 불러내신 목적이 우리로 하여금 그의 기이한 빛에 들어가게 하신 분의 아름다운 덕을 선전하게 하는 데 있다고 설명한다(벧전 2:9).

하나님의 은혜와 사랑을 세상에 널리 알리고 선전하는 일, 그의 높으신 이름을 많은 사람들 앞에서 찬송하고 간증하는 일, 바로 이 일을 위해서 부름 받았다는 사실을 우리는 잊어서는 안 될 것이다.

하나님을 신뢰하는 자의 행복

가장 안전하고 온전한 피난처는 하나님께 있으며 그에게 순종하는 데에 있다.
지혜로운 자는 연약한 인간을 의지하지 않고 하나님을 의지한다.

인간의 영화와 자랑은 반드시 끝이 있으며 영구히 가지 못한다(시 49:16-17). 인간에게는 영원이라는 것이 근본적으로 불가능하다. 모든 것이 시한부이다. 인간이 가진 것은 그것이 무엇이든지 간에 영원히 계속되지 못한다. 아무리 뛰어난 지식과 지혜라 할지라도 언젠가는 끝이 나게 마련이다. 아무리 자랑스러운 권력도 죽음의 순간 이후까지 가지 못한다. 아무리 훌륭한 목표를 세우고 거기에 맞는 계획을 세울지라도 죽으면 모든 것이 끝난다. 위대한 희망도 사라진다. 따라서 인간 세상에는 항구적으로 신뢰할 만한 것이 존재하지 않는다. 소망 없는 인간 세상을 의존하는 것은 결과적으로 파멸과 재난을 불러일으킬 뿐이다.

그렇다고 해서 인간 세상에 아무런 신뢰나 사귐도 있어서는 안 된다는 것은 아니다. 부모와 자녀 사이에, 친구와 이웃 사이에 신뢰가 없다면 인간 세상이 어떻게 되겠는가! 사람 사는 세상에는 어떤 형식으로든 반드시 서로 간에 믿음과 신뢰가 있어야 한다. 그러나 그것이 모든 문제의 유일하고도 절대적인 해결책은 아니다. 신뢰를 존중하되 인간의 한계와 연약함을 늘 자각하지 않으면 안 된다. 천하를 호령하는 권세도 언젠가는 파멸에 직면하게 된다. 연약한 인간에 대한 신뢰는 무익한 것이다. 그것은 사람들로 하여금 온전한 마음으로 하나님을 신뢰하지 못하게 한다.

어찌 보면 인간의 삶은 그가 자신의 신뢰와 희망을 어디에 두는가에 의해 결정된다고 할 수 있다. 이 점에서 볼 때, 가장 안전하고 온전한 피난처는 하나님께 있으며 그에게 순종하는 데에 있다. 지혜로운 자는 연약한 인간을 의지하지 않고 하나님을 의지한다. 그는 하나님을 자기 도움으로 삼고 그에게 소망을 두는 자라야 참된 행복을 누릴 수 있다는 것을 잘 알고 있다(시 146:5).

그렇다면 우리가 신뢰해야 할 하나님은 대체 어떤 분이신가? 그는 자기를 의지하고 신뢰하는 자들을 외면하지 않으시는 분이다. 시편 146:5-9는 그의 창조 주권과 구원 행동이야말로 그가 유일하고도 절대적인 신뢰의 대상임을 증거한다고 말한다. 이스라엘의 하나님이 우주만물을 창조하신 분이라는 사실은, 그의 창조 권능이야말로 힘없고 약한 자들로 하여금 그를 신뢰할 수 있게 하는 가장 유력한 근거임을 의미한다. 자신의 말씀과 행동에 충실한 하나님의 진실함 역시 신뢰의 충분한 근거가 된다.

아울러 그는 힘없고 약한 자들을 도우시며, 절망 속에서 그의 도움을 바라는 자들에게 구원을 베푸시는 분이다. 그의 구원은 결코 사람을 차별하지 않는다. 사람 사는 세상에서는 여러 가지 세속적인 기준들에 의해 사람을 차별하는 경우가 많지만, 하나님의 구원은 결코 그렇지 않다. 도리어 하나님은 힘 있고 강한 자들에게 짓눌린 자들을 일으키시며, 높은 자를 낮추시고 낮은 자를 높이신다. 하나님의 이러한 구원은 정의롭고 사랑과 평화가 넘치는 공동체를 만들 수 있게 해준다.

하나님이 약한 자들을 일으켜 그들에게 구원을 베푸신다는 것은, 인간의 약함이야말로 하나님의 권능이 나타나게 하는 중요한 방편임을 일깨워준다. 힘 있고 강한 자들은 전심으로 하나님을 의지하지 않는 까닭에 그의 구원하심을 맛보아 알지 못한다. 그러나 자신의 무기력함을 깨닫는 자는 하나님을 온전히 신뢰할 수 있으며, 그 까닭에 하나님의 도우심을 힘입을 수 있다(고전 1:26-29). 참으로 지혜롭고 경건한 자는 자신의 약함 속에서 하나님을 신뢰하는 자이다(고후 12:7-10).

그는 철저하게 하나님을 신뢰하는 까닭에 자신이 하나님의 돌보심과 사랑 안에서 안전하다는 것을 잘 알고 있다. 그는 자신을 못살게 구는 자들, 곧 힘 있고 강한 자들과 악한 자들의 계획을 두려워하지 않는다. 또 그럴 필요도 없다. 하나님께서 그들의 길을 굽게 하시고 그들의 계획을 좌절시킬 것이기 때문이다. 하나님의 심판은 그들이 다시는 힘없고 약한 자들을 괴롭히지 못하게 막을 것이다. 이로써 하나님은 소외 당하고 버림 받은 자들의 구원을 완성하신다.

우주 만물을 창조하시고 사회적인 약자들을 구원하시는 한편으로 악한 자들을 징벌하시는 하나님의 포괄적인 역사 주권은 그의 영원한 통치권에서 비롯된다. 그의 왕권은 구체적인 역사의 현장 속에서 이루어짐과 아울러, 시간과 공간을 넘어서서 모든 시대의 모든 사람들에게 적용되는 보편성과 영원성을 갖는다. 그리고 영원한 왕으로서의 그의 통치는 모든 악의 세력에 대한 궁극적인 승리를 보증하며, 힘없고 약한 자들의 구원을 통해 구체화된다.

하나님의 백성은 이처럼 보편적이고 영원한 하나님의 통치를 소리 높여 찬양해야 한다. 그러나 입술로 찬양하는 것만으로 모든 것이 끝나는 것은 아니다. 하나님의 구원을 경험한 신앙 공동체는 기쁨으로 그의 통치에 참여해야 할 책임을 갖는다. 온갖 허위와 속임수가 판치는 세상 속에서 하나님의 진실함을 본받아야 하고, 약한 자들에게 위로와 희망을 주시는 하나님의 구원 사역에 참여해야 한다. 그럼으로써 온 세상이 하나님의 평화와 사랑으로 가득 차게 해야 할 것이다.